Franz Judaschke

Die Grundlagen des praktischen Schiffbaus (1926)

Franz Judaschke

Die Grundlagen des praktischen Schiffbaus (1926)

ISBN/EAN: 9783954270392
Erscheinungsjahr: 2012
Erscheinungsort: Bremen, Deutschland

© maritimepress in Europäischer Hochschulverlag GmbH & Co. KG, Fahrenheitstr. 1, 28359 Bremen. Alle Rechte beim Verlag und bei den jeweiligen Lizenzgebern.

www.maritimepress.de | office@maritimepress.de

Bei diesem Titel handelt es sich um den Nachdruck eines historischen, lange vergriffenen Buches. Da elektronische Druckvorlagen für diese Titel nicht existieren, musste auf alte Vorlagen zurückgegriffen werden. Hieraus zwangsläufig resultierende Qualitätsverluste bitten wir zu entschuldigen.

Die Grundlagen des praktischen Schiffbaues

von

Franz Judaschke
Schiffbau-Ingenieur

Mit 62 Abbildungen und 2 Tafeln

Berlin W. 62
Richard Carl Schmidt & Co.
1926

Inhalt:

Einleitung 7
1. Kapitel: Schwimmfähigkeit 8
2. Kapitel: Formgebung 16
3. Kapitel: Baustoffe 25
4. Kapitel: Konstruktionsformen des Schiffbaues 31
   a) Holzschiffbau 31
   b) Klassifikation I. Entwicklung und Stand 34
          „   II. Auslösung von Spannungen 42
          „   III. Wirtschaftsfragen 48
   c) Eisenschiffbau 49
5. Kapitel: Einrichtung, Ausrüstung und Instandhaltung 62
   1. Antriebseinrichtungen 66
   2. Frachteinrichtungen 73
   3. Wohn- und Wirtschaftseinrichtungen 75
   4. Betriebs- und Sicherheitseinrichtungen 77
   5. Instandhaltung 94
6. Kapitel: Typenbildung und Schiffstile 99
   1. Grundlagen 99
   2. Kunstgeschichtliches 101
   3. Schiffsarchitektur 102
Schluß 108

Einleitung

Die neue Zeit mit ihrer großartigen und schnellen Entwicklung des Verkehrslebens hat unter dem Zeichen der Technik in besonderem Maße das Schiffahrtswesen beeinflußt. Im Schiff sind alle diejenigen Eigenschaften zu vereinen, die nicht nur die Grundlagen für die wohnlichen, sanitären und betriebstechnischen Einrichtungen eines Gemeinwesens bilden, sondern auch alle Bedingungen erfüllen müssen, welche an ein neuzeitliches Verkehrsmittel in Bezug auf Sicherheit, Zweckmäßigkeit und Wirtschaftlichkeit zu stellen sind.

So alt wie der Schiffbau nun an sich ist, und so gut er den verschiedenen Zeitaltern und Verhältnissen gerecht geworden ist, so stellt er eine im technischen Sinn fortschreitende Entwicklung nicht dar. Erst das Maschinenzeitalter unserer Tage hat hier zwangsläufige Entwicklung und Systematik gebracht. Das Holz ist Jahrtausende hindurch fast das ausschließliche Baumaterial für den Schiffbau gewesen, erst mit der Vervollkommnung der massenhaften Eisengewinnung im letzten Jahrhundert der Geschichte trat neues Leben in die überlieferten Konstruktionsformen. Keineswegs ist das Holz verdrängt worden, es hat seinen bleibenden Wert erwiesen, — auch als Baumaterial für die Zukunft. Die Einführung des eisernen Schiffes hat aber auf die Steigerung der Größenverhältnisse von schwimmenden Körpern eine bestimmende Bedeutung gewonnen, und zwar nicht allein auf solche mit motorischem Antrieb, sondern auch auf die seit Jahrhunderten bewährten Segler. Wenn in gewissem Umfange auch die Verschiedenartigkeit und Größe der Antriebsmittel auf die Entwicklung der Einzelkonstruktionen einwirkt, im großen und ganzen ist dieser Einfluß nur indirekter Natur und erreicht nicht die Ausmaße, wie bei den Fahrzeugen des Land- und Luftbetriebes.

Die Voraussetzungen für die Grundlagen des Schiffbaues sind von alters her naturgemäß dieselben geblieben, aber gerade die eben erwähnte Steigerung in der Größe der Bauten, wie sie der reine Eisenschiffbau gezeitigt hat, brachte auch in die Praxis des Schiffbaues das Bestreben, mit allem Ernst die wissenschaftlichen Fragen auf dem Gebiete der Festigkeit, Betriebssicherheit und Wirtschaftlichkeit systematisch zu fördern.

1. Kapitel.

Schwimmfähigkeit.

Nach dem schon von Archimedes aufgestellten Prinzip verdrängt jeder im Wasser schwimmende Körper eine Wassermenge, die ebenso schwer ist wie das Eigengewicht des schwimmenden Körpers. Das Schiff ist also schwimmfähig, wenn das Eigengewicht nicht das Gewicht der verdrängten Wassermenge übersteigt. Die Schwimmfähigkeit eines Schiffes bedingt aber auch seine Betriebsfähigkeit in der Bewegung. Das Schiff muß einmal genügend Bordhöhe (Freibord) über Wasser haben und andererseits das Vermögen besitzen, bei seinen pendelnden Bewegungen immer wieder in die aufrechte Lage zurückkehren zu können (Abb. 1). Das Schiff muß also in der Bewegung einerseits gegen Wassereinbruch und Vollschlagen von oben her und andererseits gegen Kentern (Umfallen) hinreichend gesichert sein. Die physikalischen Gesetze über die Stabilität der Körper sind im Schiffbau demgemäß besonders zu beachten. Erst in neuerer Zeit haben die Stabilitätsbedingungen der Schiffe eine feinere und allseitig beachtete Durchleuchtung erfahren. Ein schwimmender Körper ist nun auf Grund der Gleichgewichtsbedingungen stabil, wenn sein Schwerpunkt bei Neigungen nicht über den Schwerpunkt der ihn unterstützenden Flüssigkeitsmenge hinausfällt. Die Stabilitätslehre im Schiffbau hat es demnach mit zwei Schwerpunkten zu tun; einerseits mit dem Schwerpunkt (⊙) des ganzen Schiffsystems (G), dem Schiffskörper mit Einrichtung, Antriebsmitteln und Ladung, andererseits mit dem Schwerpunkt der vom Schiffskörper verdrängten Wassermenge — dem Formschwerpunkt (F) (Abb. 2). Im ersteren vereinigt sich das Gesamtgewicht des Schiffes als Schwerkraft wirkend in der Richtung senkrecht nach unten, im letzteren der Auftrieb als Kraft von gleicher Größe entgegengesetzt senkrecht nach oben. Es wirkt bei Bewegungen von Schiff und Wasser durch diese Punkte ein Kräftepaar, das bestrebt sein muß, die Gleichgewichtslage in der Längs- und Querrichtung im positiven Sinne zu erhalten; es dürfen also nur Drehmomente erzeugt werden, die den Schiffskörper immer wieder in die aufrechte, ursprüngliche Lage zurückpendeln lassen. Die Überlegungen des Erbauers müssen dahinzielen, daß in allen Lagen, in welche das Schiff durch seine Pendelbewegungen kommt, das Aufrichtevermögen sichergestellt bleibt.

Diese Überlegungen ergeben, daß erstens ein tiefliegender Systemschwerpunkt (G) und zum andern ein großes Trägheitsmoment der Schwimmwasserlinie »positiv« auf die Stabilitätseigenschaften des schwimmenden Körpers einwirken. Ersteres läßt sich durch tief gelagerten Ballast, letzteres durch breite und volle Formen des in der Wasseroberfläche sich bewegenden Schiffkörperteils erreichen. Bei intakten, nicht hava-

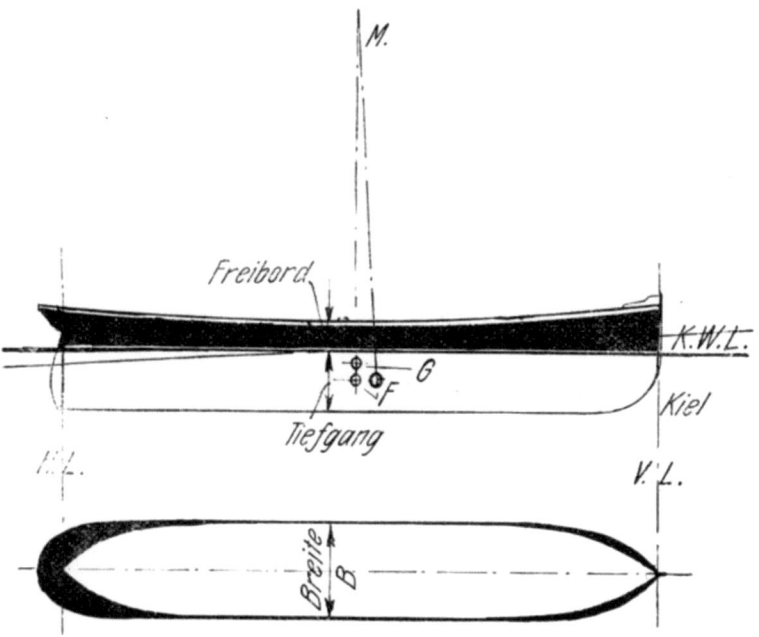

Abb. 1. Trimm. F = Formschwerpunkt, G = Gewichtsschwerpunkt, M = Längenmetazentrum.

rierten Schiffen wird die Längsstabilität bei in der Form normal gehaltenen Fahrzeugen immer gesichert sein; praktisch wird darum für die Erreichung einer guten Querstabilität (Schlingerbewegungen) bei dem Entwurf nur die Breite des Schiffes im mittleren Teil der Wasserlinie von Bedeutung sein, umsomehr als man bei Handelsschiffen aus wirtschaftlichen Gründen auf den Einbau von festem Ballast verzichten muß. Fester Ballast bedeutet immer das Mitschleppen von totem Gewicht.

Allgemein gilt: ein Schiff mit Schlagseite und ungenügendem Freibord darf nicht über See gehen. Aufrechte Lage in jedem Ladezustand und genügender Freibord für alle Ladezustände sichern gute Anfangs-

und gute Neigungsstabilität. Beide Bedingungen sind eng miteinander zu verknüpfen. Es ist ohne weiteres klar, der Freibord eines Schiffes darf bei geringen Neigungen nicht zu Wasser kommen, da sonst das Aufrichtevermögen gedeckter Schiffe bei weiteren Neigungen zu schneller Abnahme führt und bei offenen Fahrzeugen, die eindringenden frei beweglichen Wassermengen ohne weiteres einen gefährlichen Zustand herbeiführen, und daß ferner ein hoher Freibord allein — ohne genügende Schiffsbreite — ein rankes Schiff nicht vor Schlagseite und Kentern bewahrt.

Auf Grund dieser durch die Praxis erprobten Überlegungen ist man zu gewissen Verhältniszahlen in den Hauptabmessungen des Schiffes (Länge, Breite und Höhe) gekommen. Bei Segelschiffen hat man auch die Größe der Segelfläche hierzu in ein bestimmtes Verhältnis gesetzt.

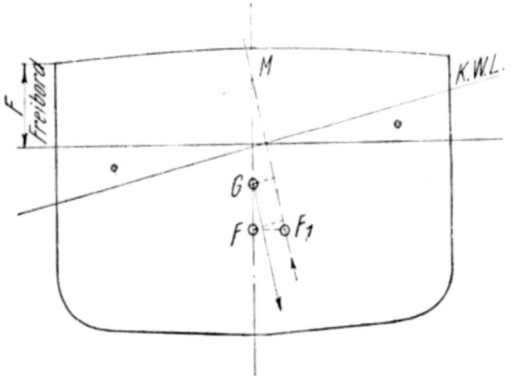

Abb. 2. Krängung. M = Breitenmetazentrum.

In der Kleinschiffahrt der nordischen Gewässer macht man aber trotzdem die Beobachtung, daß die Segler im Verhältnis zur tragenden Wasserlinie eine übermäßige Vollzeugbeseglung führen. Diese Schiffe kommen bei auffrischendem Wind leicht in das Stadium der Überbeseglung. Nur feines Verständnis für zweckmäßige Beseglungen und erprobte Schiffsführung kann hier Maßnahmen und Manöver so rechtzeitig treffen, daß schwierige Situationen überwunden werden. Gerade der Frachtsegler kommt durch die Verschiedenartigkeit seiner Beladungszustände in ungemein verwickeltere Lagen als Sport- oder Schulboote mit unveränderlichem festem Ballast (Abb. 3).

Klarer und einfacher kann man die Stabilitätsverhältnisse der durch maschinelle Antriebsmittel fortbewegten Handelsschiffe erfassen. Personendampfer, besonders solche für den Seebäderdienst, welche mit großer einseitiger Belastung durch Menschen auf den hohen, freien Decks zu rechnen haben, müssen durch ausreichende Trägheitsverhältnisse der Schwimmwasserlinie Schlagseiten energischen Widerstand entgegensetzen können. Schmal gebaute Raddampfer verlieren gleichzeitig bei Schlagseite durch die ungleichmäßige Belastung der Schaufelräder — an Fahrt; die Steuerung wird durch die eingeleiteten Drehmomente schwierig. Die Schärfe und die leichte Bauart dieser Schiffe (Sund, Watt, Kl. Küstenfahrt) einerseits und die hohen Decklasten (Passagiere) andererseits bedingen besondere Hilfsmittel zur Erreichung guter Stabilitätsverhältnisse. Hier hat man sich vielfach des festen Ballastes bedient, oder durch Anschwellungen in der Wasserlinie das Trägheitsmoment erhöht.

Seitdem nun die Meere durch die Schiffahrt der letzten Jahrzehnte für den Personenverkehr in großzügiger Weise erschlossen worden sind, hat die Frage nach der Sicherheit auf See die Beteiligten in besonderem Maße bewegt. Die Einführung der Schottvorschriften*) durch die Seeberufsgenossenschaft (S. B. G.) in den neunziger Jahren des vergangenen Jahrhunderts war der erste große Versuch, in bezug auf Sinkbarkeit und Stabilität der Schiffe einheitliche Maßnahmen zu treffen.

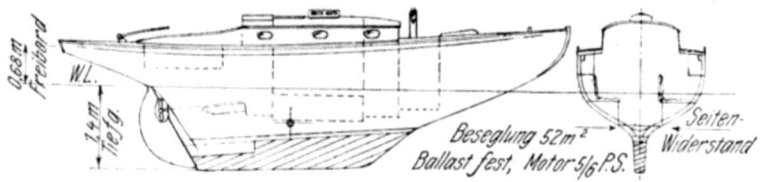

Abb. 3. 10 m-Seekreuzer (Kielboot).

Schon vorher hatte der Board of Trade (England) sog. Freibordtabellen aufgestellt, die aber erst um die Jahrhundertwende mit der Einführung der Freibordmarke allgemein Eingang fanden. Die Unfälle auf See, die häufig zu Verlusten der Schiffe führen, werden durch die Seeamtsverhandlungen, soweit es möglich ist, klargestellt. Es wird hierdurch der öffentlichen Kritik Raum gemacht und den Verantwortlichen und Sachverständigen Gelegenheit gegeben, dauernd an der Verbesserung und Vervollkommnung des neu erstehenden Schiffsparkes zu arbeiten. —

In der Frachtfahrt wurde früher bei Leerreisen durch Übernahme von Sand und Steinen u. a. »Ballast« gefahren. Schiffe, die heute über den Bereich der Küsten hinaus in Fahrt gesetzt werden, sind zur Übernahme von Wasserballast eingerichtet und für diesen Zweck mit sog. Doppelboden versehen (Abb. 4). Die Einführung des doppelten Bodens begegnete einem an sich gerechtfertigten Vorurteil. Tatsächlich wird bei zwei Schiffen, die nach denselben Plänen gebaut sind, das Schiff mit Doppelboden bei leeren Tanks und gefüllten Laderäumen gegen-

---

*) ✠ Unsinkbarkeitszeichen ✠ bedingt u. a. das Vollaufen zweier benachbarter Räume, ohne daß das Freiborddeck (Schottendeck) zu Wasser kommt.

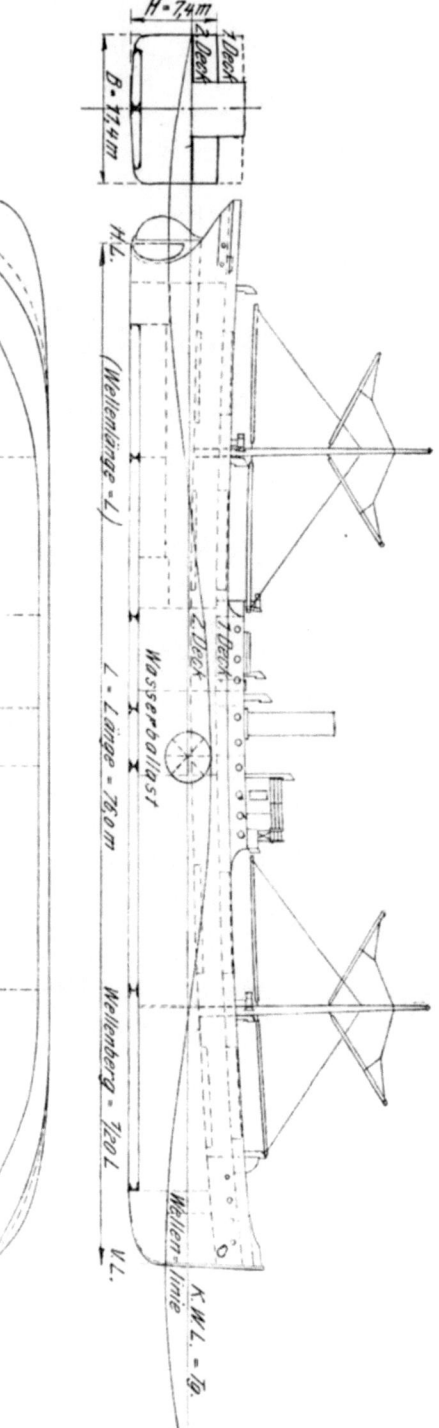

Abb. 4. Frachtdampfer: Klasse 100 A, Tiefgang = 5,04 m. Verdrängung = 3420 t, Tragfähigkeit = 2100 t Maschinenstärke = 650 PS, Geschwindigkeit = 9½ Knoten/Std.

über dem Schiff ohne Doppelboden — infolge der naturgemäß größeren Bodenhöhe des Tankschiffes — einen höher gelegenen Gewichtsschwerpunkt haben, also eine kleinere metazentrische Höhe aufweisen. Praktisch spielt aber dieser Umstand bei dem größten Teil der Schiffe im beladenen Zustand keine Rolle, die Erzielung hinreichender Stabilität macht hier keine Schwierigkeiten, während bei Leertiefgang und aufgezehrtem Bunkervorrat immer Ballast nötig wird. Es ist demnach von außerordentlichem Vorteil, wenn man das Schiff in der Leerfahrt auf einfache Weise durch Doppelbodentanks ballasten kann. Zudem wird die Sicherheit gegen Leckagen, die durch Grundberührungen verursacht werden, bedeutend erhöht; während andererseits bei beladenem Zustand der Stabilitätsverlust generell durch eine geringe Vergrößerung der Schiffsbreite ausgeglichen werden kann. Allerdings muß bei ranken Schiffen die Einführung von Wasserballast unter Vorsichtsmaßregeln geschehen, besonders dann, wenn im Hafenbetrieb sonst verschlossene Fenster und Pforten in der Außenhaut offen stehen. Wasser ist frei beweglich und folgt bei nur teilweise gefüllten Tanks (also bei einem Zustand, der während der Füllung immer durchlaufen werden muß) den Bewegungen und Neigungen des Schiffes. Kommt das Schiff während der Füllung in Bewegung, so kann sich die Stabilität in der Querrichtung durch die im Boden des Schiffes schlingernden Wassermassen außerordentlich verschlechtern. Zur Beruhigung des Wassers unterteilt man die Tanks durch Schlagschotte besonders in der Längsrichtung. Bei kleineren Schiffen ist der Mittelkiel auf einen großen Teil seiner Länge sogar wasserdicht hergestellt, bei großen Schiffen wird teilweise auch der mittlere Seitenträger wasserdicht hergestellt. Aufgabe der Schiffleitung ist es, durch eine planmäßige, sorgfältig durchgeführte Füllung der einzelnen Doppelbodenzellen (Nacheinanderfolge und Parallelschaltung), Schlagseiten, Schlingern und gefährliche Trimmlagen zu vermeiden. Unachtsamkeit auf diesem Gebiet (Avaré) führt bei ranken Schiffen unter Umständen zu Katastrophen.

Durch die Wirkungen des Seekrieges ist an zahlreichen Vorgängen beobachtet worden, daß torpedierte Handelsschiffe selten gekentert sind, sondern entweder über den Vor- oder den Achtersteven in die Tiefe gesunken sind. Auch das hohe Aufbautenschiff Titanic ist nach dem Zusammenstoß mit dem Eisberg über den Bug in die Tiefe gesunken (vergl. auch Lusitania). Es ist damit an vielen praktischen Beispielen festgestellt, daß die Gefahr des Kenterns bei Leckspringen nicht so groß ist, als man früher allgemein annahm. Die frei beweglichen Wassermassen haben in tiefen Räumen, wie sie Laderäume darstellen, nicht die katastrophale Wirkung mehr, sobald ein gewisses Quantum Wasser den kritischen Tiefgang des Fahrzeuges überwunden hat. Nur die oberen bewegten Wasserschichten beeinflussen die Stabilität schädlich, während die tiefer gelegenen Schichten als positiver Ballast wirken.

Schwimmfähigkeit

Durch diesen ganzen Fragenkomplex in der modernen Schiffahrt ist das Stabilitätsproblem individueller erfaßt. Man ist mehr und mehr dazu übergegangen das einzelne Schiff in seinen verschiedenen Ladungs- und Neigungszuständen rechnungsmäßig zu untersuchen, um an Hand der Resultate ev. Verbesserungen zu treffen und vor allem dem Schiffsführer

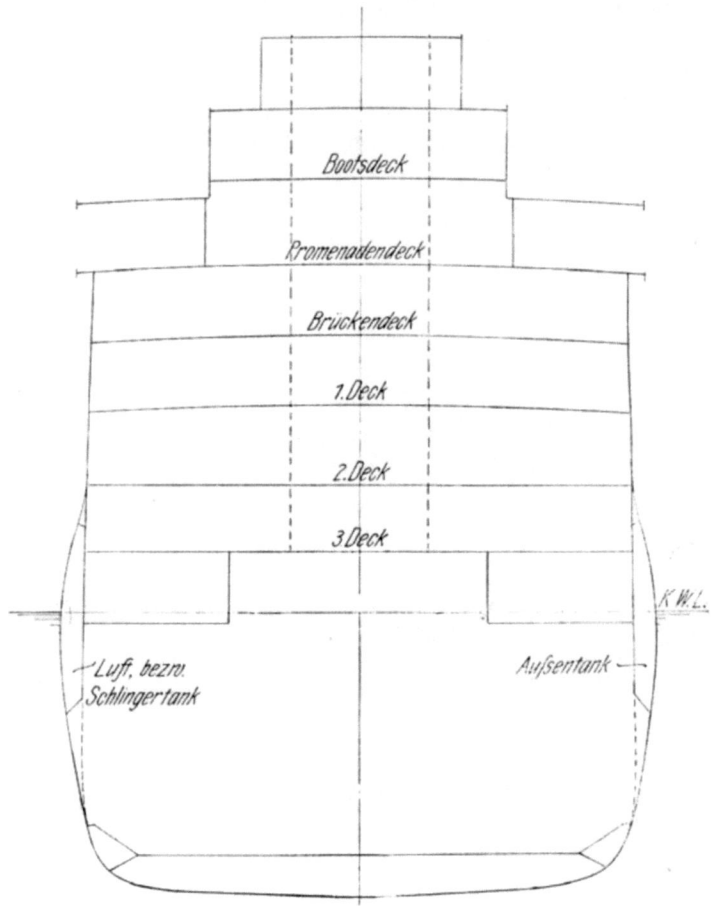

Abb. 5. Formstabiler Schiffskörper. „Albert Ballin", „Deutschland".

Schaubilder*) für die einzelnen Zustände vorzuführen, nach denen er sein Schiff laden, löschen und ballasten kann. Der Charakter des Schiffes wird durch solche Schaubilder lesbar gemacht. Jeder, der die Führung eines ihm noch unbekannten Schiffes in die Hand bekommt, ist nicht mehr nur auf das vorsichtig wägende Tastgefühl angewiesen, sondern kann auf Grund des Planes, schon vor Antritt der ersten Reise übersehen, wie der Ladezustand seines Schiffes die Stabilität beeinflußt.

*) s. Tafel im Anhang.

Durch die Ballasttanks ist er in die Lage versetzt, bei Veränderungen des Ladezustandes, sei es durch Aufzehrung des Bunkervorrats oder unvorhergesehene Übernahme von Ladung (Decklast, Schiffbrüchige u. a.) rechtzeitig zu regulieren (auszugleichen). Nach den Vorschriften der Klassifikation gebaute Schiffe, die mit gut gestauter Ladung unter Beachtung der Gewichtsmomente, welche die Art der Ladung hervorruft, auf die Reise gehen, sind hinreichend gesichert. Überschießen der Ladung oder des Ballastes und Leckspringen gefährden die Stabilität in hohem Maße, oft gerade im Anfangsstadium der Havarie; frei bewegliche Flüssigkeitsmengen in flachen Räumen (Räume mit großer Grundfläche und verhältnismäßig geringem Peil, Flüssigkeitsstand = Tiefe der Flüssigkeit) sind außerordentlich gefährlich. Schlingerschotte, Längsunterteilung der Räume und sicher wirkende Ausgleicheinrichtungen. (Lenz-, Ballast- und selbsttrimmende Ladeeinrichtungen) sind die besten Helfer gegen die Gefahren eines hohen Seeganges und Leckspringens bei Havarie. Öffnungen wie Bullaugen und Pforten sollen auch dann nicht in den Gefahrbereich angeordnet werden, wenn sie wasserdicht verschließbar sind. Bei Fischereifahrzeugen solle man bei Einbau einer Fischbünn den Stabilitätsverlust während der Neigungen feststellen.

Die Passagierfahrt hat zu Schiffen mit hohen Aufbauten geführt. Besonders Schiffe, die nebenher noch der Frachtfahrt dienen, haben in ihrem mittleren Teil eine Anzahl leichterer Aufbau-Decks erhalten, die außerordentlich hoch über der Schwimmwasserlinie liegen. Diese Schiffstypen sind von hoher Wirtschaftlichkeit, in bezug auf die Stabilität gelangten sie aber an die Grenze der Höchstmaße normaler Unterwasserformen. Es sind nun großzügige Versuche mit Anschwellungen im Bereich der Schwimmwasserlinien durchgeführt und unter dem Sammelnamen: »Formstabile Schiffskörper« der Öffentlichkeit bekannt gegeben. In einem kombinierten System von Schlingerdämpfung und Anschwellung (Dr. ing. Frahm u. Dr. ing. Foerster) bei den Schiffen »Ballin« und »Deutschland« ist hier ein gewisser Abschluß gefunden. Ohne Zweifel liegt in der größeren Trägheit der Wasserlinie im Bereich der Anschwellungen, besonders bei Tiefgängen, die eine Gefahrzone für Schlagseiten bilden, ein großer Vorteil. In England haben solche Anschwellungen, besonders bei Kriegsfahrzeugen, gute Seeigenschaften (Schlingerdämpfung u. a.) entwickelt, so daß man auch dort — allerdings in der Form einer Doppelwelle — bei Frachtschiffen Versuche dieser Art praktisch durchgeführt hat. Geschwindigkeitsverlust tritt bei all den besprochenen Fällen nicht ein, im Gegenteil: es wird der Stromfädenverlauf im günstigen Sinn beeinflußt und geleitet, so daß ein größerer Schraubenwirkungsgrad erzielt wird (Abb. 5).

2. Kapitel.

Formgebung.

Die Schiffe haben je nach den Gewässern, die sie befahren, je nach den ihnen zugeteilten Arbeitsleistungen, je nach den zur Anwendung gebrachten Antriebsmitteln und deren Anordnung am Schiffskörper, neben gewaltigen Größenunterschieden auch die verschiedenartigsten Formen.

Schon im Zeitalter der Segelschiffahrt und des Holzschiffbaues hatte sich in dieser Beziehung eine Vielseitigkeit entwickelt, die geradezu erstaunlich ist. Der moderne Segeljachtbau hat unter dem Einfluß der Vermessungsverfahren hinsichtlich der Formgebung die größten Wandlungen gemacht. Es ist hier nicht die Aufgabe gestellt, im einzelnen auf die Ursachen und die geschichtlichen Zusammenhänge näher einzugehen, sondern im Nachfolgenden soll die gemeinsame und zielstrebige Aufgabe in der Formgebung im modernen Schiffbau herausgestellt und durch einfache Schulbeispiele erläutert werden. Während in der Binnenschiffahrt die Schiffsgrößen den räumlichen Verhältnissen Rechnung zu tragen haben, vor allem der Tiefgang der Schiffe großer Beschränkung unterworfen ist, hat man in der Seeschiffahrt weitgehenden Spielraum. So ist man hier, was den Handelsschiffbau anlangt, auf Hauptabmessungen gekommen, die untereinander in einem wenig abweichenden Proportionsverhältnis stehen. U. a. deuten die von den Klassifikationsgesellschaften gebrauchten Verhältniszahlen für die Bestimmung der Materialstärken: Länge zur Höhe usw. die Grenzwerte an.

Die Stabilität, die Standfestigkeit oder noch anders ausgedrückt, das Vermögen des Schiffes, seine aufrechte Lage mit einiger Sicherheit behaupten zu können, ist nach den im 1. Kapitel gemachten Ausführungen Grundbedingung für die Formgebung und Festsetzung der Verhältniszahlen zur Bestimmung der Hauptabmessungen eines Schiffes. Da bei einem Entwurf unter Zugrundelegung einer angenommenen Schwimmwasserlinie nur die Lage und Wanderung des Formschwerpunktes einwandfrei, die Lage des Gewichtsschwerpunktes der Länge und der Höhe nach aber nur angenähert festgestellt werden kann, so ist damit ein absolut genaues Maß von Stabilität vorher nicht bestimmbar. Durch vorhandene gute Vorbilder, durch Sammlung von Einzelgewichten gebauter Konstruktionsteile ist dem Schiffbauer ein Erfahrungsmaterial an die Hand gegeben, welches ihm ermöglicht keine Fehlbauten zu machen.

Je nach der Zweckbestimmung spielt bei der Formgebung auch die Geschwindigkeit eine bedeutende Rolle. Schiffe mit verhältnismäßig geringer Zuladung an Gewichten wie z. B. reine Passagier- und Postschiffe können einen hohen Schärfegrad erhalten, während Frachtdampfer bei gleichen Hauptabmessungen und gleicher Maschinenkraft bedeutend völligere Formen annehmen müssen, um wirtschaftlich zu sein. Diese einfache Überlegung zeigt die Grenzen der Zuschärfung eines Schiffes. Naturgemäß wächst bei Vergrößerung des Schiffskörpers unter Einhaltung gleicher Maschinenstärke pro Gewichtstonne gerechnet — die Geschwindigkeit; d. h. ein 10000 Tonnenschiff mit 5000 Pferden Maschinenkraft unter sonst gleichen Bedingungen würde auf die Gewichtstonnen gerechnet weiter kommen als ein 5000 Tonnenschiff mit 2500 Pferden.*) Theoretisch ist also das größere Schiff unter Ausnutzung aller Möglichkeiten zur Erreichung höchster Geschwindigkeiten erfahrungsgemäß im Vorteil.

Nach den angeführten Gesichtspunkten hat der Schiffskonstrukteur sich der Formgebung neuzeitlicher Schiffe gewidmet und seine zeichnerisch dargestellte geometrische Arbeit auf der Ebene im Spantenplan und Abschlag meßbar zu Papier gebracht. (Abb. 6 Netz). Das Spantennetz, das sich die Darstellung der Schiffsspanten zur Aufgabe macht, ist die Sammlung aller Querrippen, die den Schiffskörper äußerlich gestalten; die geometrische Gestaltung der Querspanten ist für den Konstrukteur das Ziel der Formgebung des Schiffes. Die Wasserlinien (Abb. 7 sind Horizontalschnitte durch den Schiffskörper; die Schnitte (Abb. 8.) sind Vertikalschnitte in Richtung der Längsebene; die Senten (Abb. 9.) sind endlich Schnitte, die gewissermaßen radial zum Schiffskörper geführt sind, sie sind ihrer ebenmäßigen Form halber, als Kontrollschnitte von großer Bedeutung und gewährleisten einen guten Verlauf der Planken und Plattenstraks für die Außenhaut. (Abb. 7 bis 9).

In erdrückender Mehrzahl werden heutzutage Schraubenschiffe gebaut. Neben dem Einschraubenschiff spielt das Doppelschraubenschiff (Abb. 11) (2 Schrauben) im Handelsschiffbau eine Rolle. Drei und Vierschraubenschiffe sind seltener. Die Art der Antriebsmaschine hat für die Formgebung nur geringe Bedeutung, um so mehr aber die Lage der Schraube zum Schiffskörper. Der Zustrom der Wasserfäden in den Wirkungsbereich der Schiffsschraube beim Durchschneiden der Wasserflut muß gleichmäßig und möglichst wirbellos und stoßfrei zur Schraubenebene erfolgen.

*) **Der Widerstand wächst mit dem Quadrate der Geschwindigkeit.**

Das Hauptmerkmal der langsam laufenden Handelsschiffe ist das lange Mittelschiff mit dem völligen Hauptspant (Abb. 4). Die Zuschärfung erfolgt bei Schiffen mittlerer Größe ungefähr auf dem letzten Viertel der Schiffslänge. Während man früher hin und wieder — besonders aber bei schnell laufenden Schiffen — das Hauptspant scharf hielt, ihm also eine hohe Aufkimmung gab, behält man neuerdings auch bei großen schnell laufenden Schiffen mittschiffs den flachen Boden bei und hält dafür die Enden schärfer. Durch die früher übliche scharfe

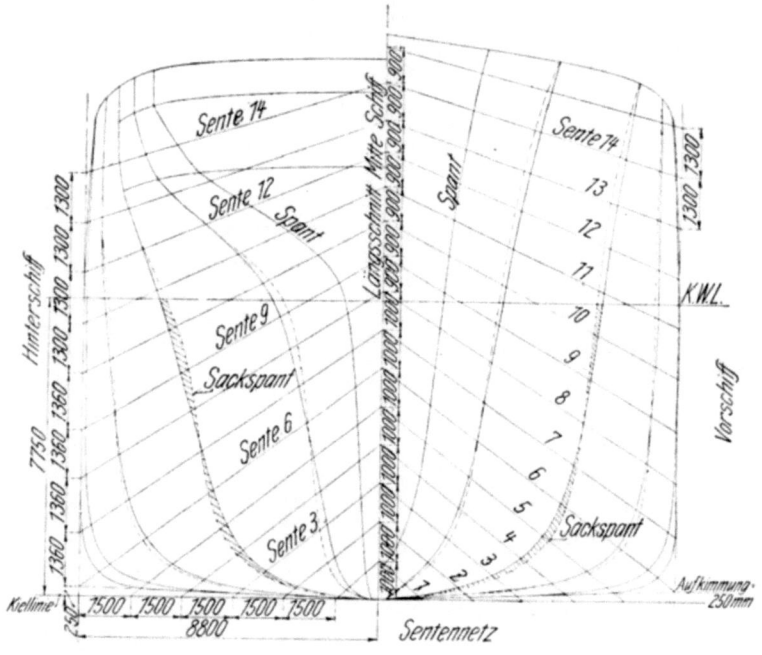

Abb. 6. Schnürbodennetz für ein Frachtschiff. L. zw. d. Loten: 131,0 m, Verdrängung auf K. W. L. 13700 m³

Hauptspantform war der Konstrukteur gezwungen, bei völligen Schiffen die sackige Spantform im Vor- und Hinterschiff beizubehalten, um die mitschiffs weggeschnittene Verdrängung (Deplacement) in die Enden des Schiffskörpers zu drücken. Allenfalls konnte für einen Segler dabei noch etwas Zweckmäßiges herausspringen, für ein Einschraubenschiff übermäßiger Völligkeit und hoher Aufkimmung konnte die Anwendung von Sackspanten nur in beschränktem Maße zum Ziele führen. Andererseits konnte man bei scharfen Schiffen die Keilspantform restlos durchführen und gleichzeitig einen schlanken Verlauf der Schiffslinien erreichen.

In Abb. 6 sind die heute üblichen Sackspantenformen unserer Einschraubenschiffe hineinpunktiert, der schraffierte Teil gibt den Unter-

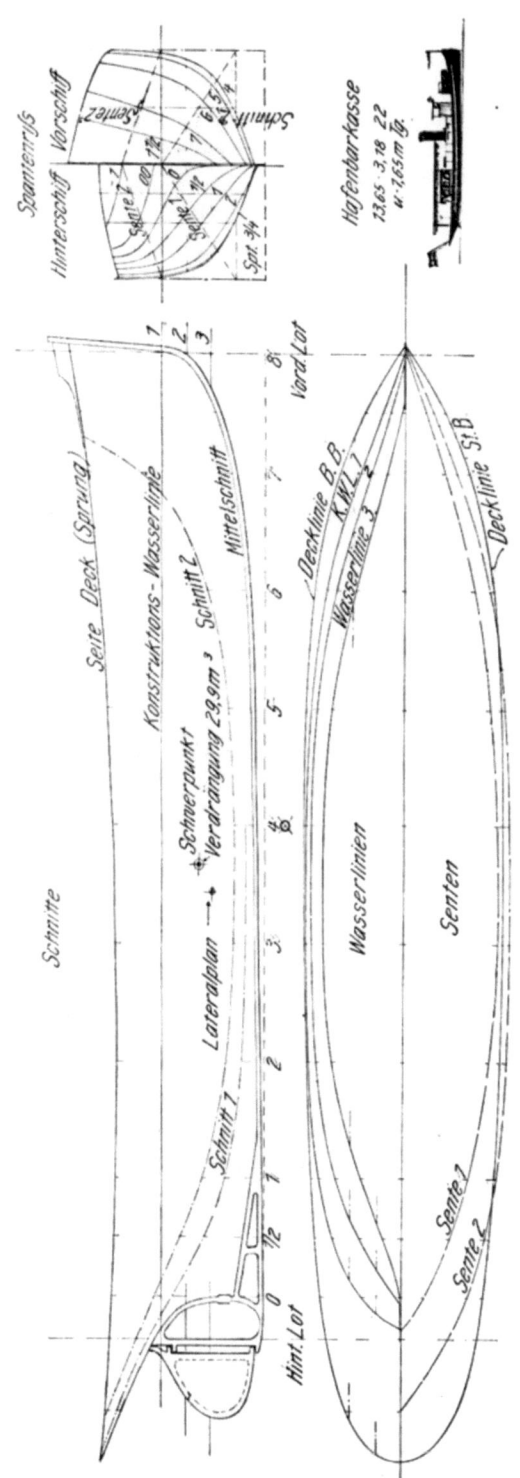

Linienentwurf: Abb. 7. Wasserlinien, Abb. 8. Schnitte, Abb. 9. Senten.

schied der Sack- bzw. Keilspantenform von Schiffen gleicher Größe an. Besonders bei kurzen Schiffen und bei solchen ohne Mittelstück sichert die Keilspantenkonstruktion unter gleichen Bedingungen wirtschaftliche Formen; die Stromfäden werden radial, etwa im Verlauf der Senten um den Schiffskörper herum zur Schraube geführt. (Abb. 7-9) Aber auch bei für Frachtfahrt bestimmten Doppelschraubenschiffen mit großer Völligkeit ist für einen gleichmäßigen Zustrom der Wasserfäden auf die Schiffsschraube eine »buddige« Keilspantenform noch vorteilhaft. Die Schiffsschraube kann hier durch die seitliche Anordnung naturgemäß in freierem Wasser arbeiten, als es beim Einschrauber der Fall ist. (Abb. 11).

Nachdem man bei großen Handelsschiffen grundsätzlich von dem scharf gehaltenen Mittelstück abgekommen war und dem flachbodigen

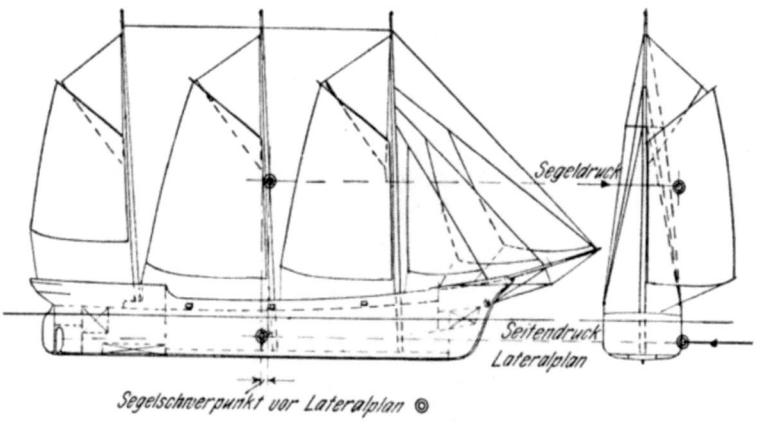

Abb. 10. Gaffelschoner mit Hilfsmotor.

Schiffe den Vorzug gab, konnte man bei Einschraubenschiffen die Sackspantenform nunmehr von vorn bis hinten durchführen. Der Stromlinienverlauf geht in Richtung der Wasserlinien, die Leer- und Tiefladelinie hat annähernd die gleiche Form. Die Wasserfäden werden somit in horizontaler Richtung um den Schiffskörper herum in den Schraubenbereich hineingeführt. Der erzielte Wirkungsgrad ist gut.

In der Mitte des vergangenen Jahrhunderts verschaffte W. Froude der praktischen Durchführung von Modellschleppversuchen Eingang. Seit der Jahrhundertwende sind auch in Deutschland solche Schleppversuchsanstalten gebaut; sie haben besonders der Formgebung von schnell laufenden Schiffen gedient, vor allem haben sie in der Theorie des Schraubenpropellers Klärung geschaffen und sind für die Schiffahrt auf engen Wasserstraßen, besonders beim Kanalbau, von Nutzen gewesen. Die auf dem Ähnlichkeitsgesetz beruhenden Modellschleppversuche sind aber beschränkt bei ihren Verbesserungen in bezug auf die allgemeine

Linienführung. Der praktische Schiffbau muß, um gute Trimmlagen zu gewährleisten, mit Schwimmreserven rechnen, der theoretische Modelltiefgang ist schwer darauf einzustellen. Der Modellschleppversuch spielt darum bei langsamlaufenden Schiffen der Frachtfahrt, wo der Tiefgang sehr veränderlich ist, nur eine beigeordnete Rolle. Auch auf dem Gebiet des Segelschiffbaues, besonders des Jacht- und Bootbaues, hat nicht allein der Weg der mathematischen Deduktion, sondern auch derjenige

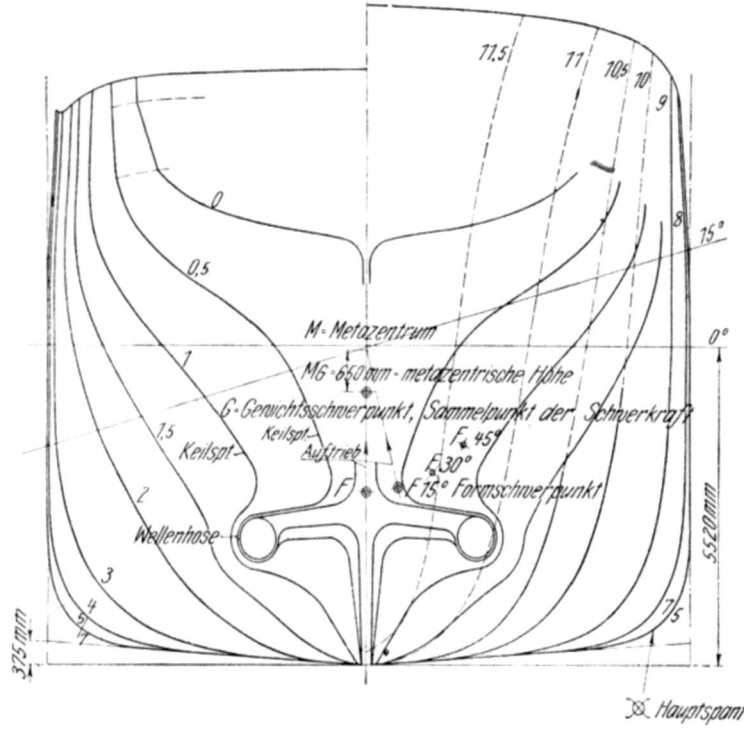

Abb. 11. Zweischraubenschiff: Spantenriß. L = 84, B = 12,6, Verdrängung K. W. L. 4200 m³. 2/900 i. PS Maschinen.

empirisch künstlerischer Konstruktionstechnik (Örtz, Barg, Herreshof, von Hacht, Heitmann, Tiller u. a.) zu Erfolgen geführt. Gute Trimmlage, günstige Verteilung der Gewichte und Schwerpunkte, der Verdrängung, des Lateralplans und der Segel, sind zur Erreichung guter Segeleigenschaften Hauptbedingungen. Der Seitenwiderstand des Schiffskörpers, der im Druckmittelpunkt des Unterwasserschiffes, also etwa im Schwerpunkt des Lateralplanes (Abb. 10) sich vereinigt, ist mit dem Segel ⊙ und dem ⊙ G des Schiffskörpers in Einklang zu bringen. Dies sind Aufgaben, die durch die Modellschleppversuchsanstalt nicht zu lösen sind, sondern auf empirisch gewonnenen Werten beruhen, die in ihrer richtigen Anwendung und der dadurch resultierenden Einzigartigkeit des Erfolges jeweilig der Arbeitsertrag der betreffenden Erbauer bleiben werden (Abb. 13. Segeljolle).

Das alles erhelit, daß vor allem eine gute Kenntnis der Einzelgewichte bei Neukonstruktionen die Gewähr bietet, eine zweckmäßige Verteilung der Räume und Beladungszustände vorzunehmen. Es gilt darum, die einzelnen Erfahrungen zu sammeln und sie der systematischen Wissenschaft zur Verarbeitung zugänglich zu machen.

Während bisher vornehmlich von der Form des Unterwasserschiffes, soweit es für die Stabilität, die Trimmlage und die Geschwindigkeit in Frage kommt, gesprochen ist — mag nun noch kurz auf einige Sonderheiten eingegangen werden. Um die Drehfähigkeit zu erhöhen wird besonders bei Schleppern und Segeljachten der Lateralplan an den Enden beschnitten. Vielfach wird auch ein sog. Schleusensteven ein-

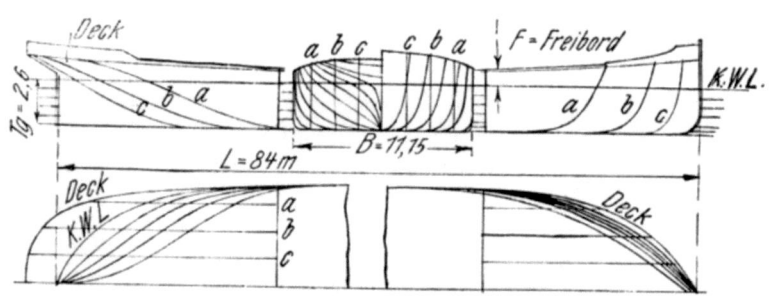

Abb. 12. Rhein-Schleppkahn. 1700 t Tragfähigkeit.

gebaut (Abb. 7 bis 9). Eisbrecher oder Schiffe, die im Eise fahren müssen, erhalten ein langaufgezogenes Vorschiff, um sich bequem auf die Eisdecke zu schieben und das Eis dann mittels ihres Eigengewichtes zum Zerbersten zu bringen. Erwähnung verdienen auch die flachgehenden Tunnelschraubenschiffe, bei diesen liegen die Propeller in einem Tunnel, so daß bei Ruhelage die oben befindlichen Flügelspitzen aus dem Wasser ragen. Bei Bewegung der Schraube füllt sich durch den entstehenden Sog der Tunnel selbsttätig mit Wasser und ermöglicht den Propellern in vollem Wasser zu arbeiten. Es sei ferner noch auf die Formgebung der Schleppkähne hingewiesen. (Oberländer) Lange hatte man der Formgebung dieser Schiffe keine Bedeutung zugemessen. Als man aber erkannte, daß die in Schleppzügen vereinigten Schiffe, wenn sie unruhiges Kielwasser machten, den hinteren Staffeln die Steuerung erschwerten und damit die Arbeit des Schleppens vermehrten, schenkte man diesen Lastkähnen in bezug auf Formgebung besondere Aufmerksamkeit. Insbesondere erhielten die Hinterschiffe eine schlank

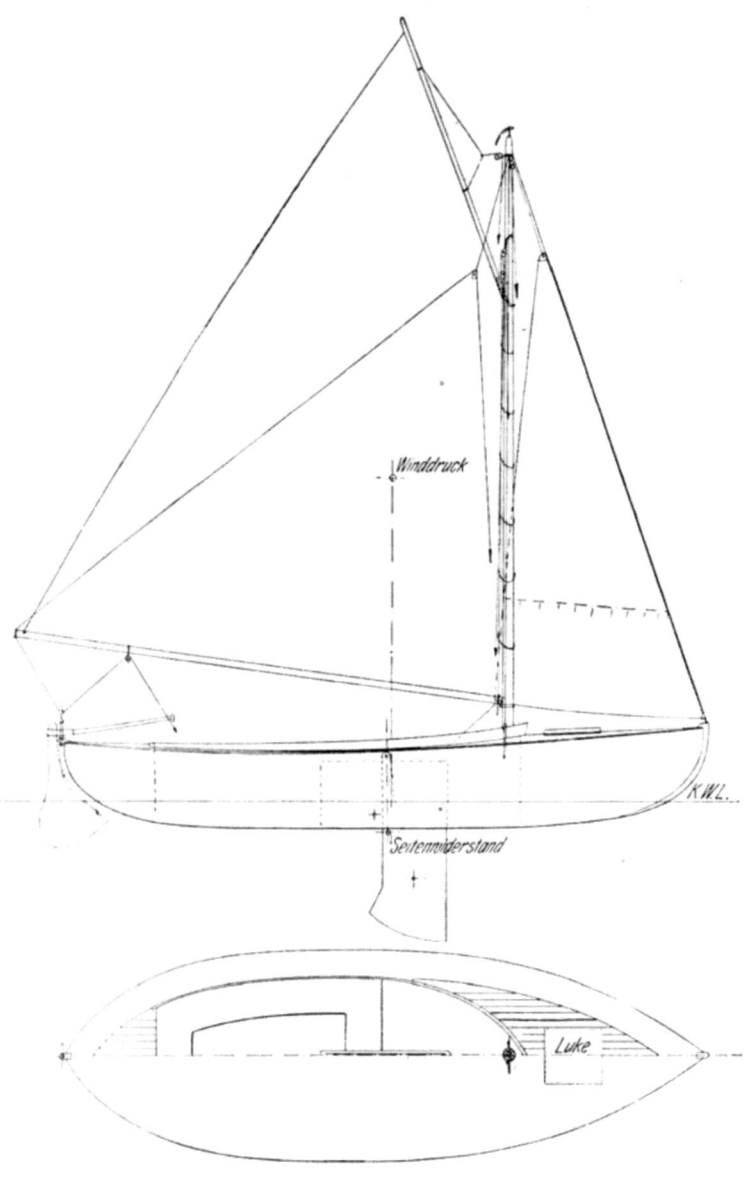

Abb. 13. 14m² Segeljolle
L. i. d. K.W.L. = 4,6 m
B.   = 1,5 m
Tiefgang mit Schwert = 1,0 m

auslaufende Form nach dem System der Keilspanten, die zu außerordentlich guten Resultaten führten (Abb. 12. Rheinschiff).

Die hochentwickelten Unterwasserformen der Kriegschiffe aller Typen und Gattungen verdanken wir einer organisatorisch geradezu glänzend aufgezogenen Versuchstechnik, die besonders in Deutschland im R.M.A. eine außerordentliche Höhe erreicht hatte. Die hohen Geschwindigkeiten und die vielseitige Art der Verwendung forderten geradezu zu einer systematischen Verfeinerung der Schiffslinien heraus.

Es soll hier nicht entschieden werden, ob nun die Sinoide oder die Parabel die Grundkurve für die Entwicklung der Schiffsformen ist. Die wahre Kunst schafft sich aus der Erfahrung die neue Form, es ist eine Art Mathematik der Phantasie (harmonic curve), die mit Vorteil zur Anwendung kommt. (Bauer). (Abb. 14).

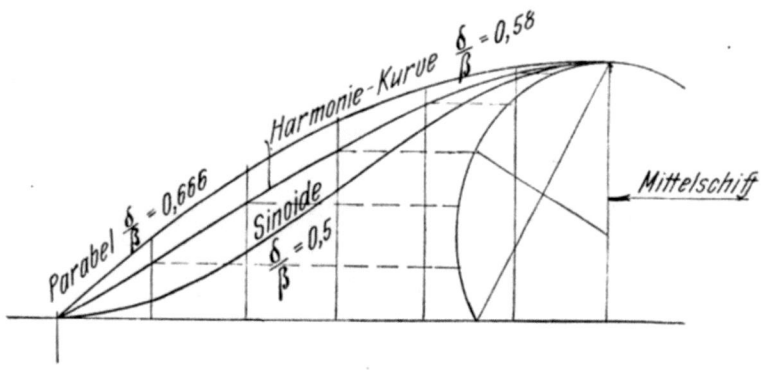

Abb. 14. Kurven für Schifflinien
δ = Völligkeitsgrad des Schiffskörpers
β =   „   „   „ Hauptspantes

Die Ausgestaltung des Oberwasserschiffes bis zum Freibord ergibt sich teilweise aus den Unterwasserformen, im übrigen spielen hier noch andere Gesichtspunkte mit, die mehr in das Gebiet der Architektur und Ästhetik fallen. In dem letzten Kapitel: Typenbildung und Schiffsstile erhält diese Frage eine besondere Behandlung. (Abb. 7 bis 9).

3. Kapitel.

Baustoffe.

Für die praktische Durchführung der Bauten ist die genaue Kenntnis der zur Verwendung gelangenden Materialien und Baustoffe erforderlich. Neben den allgemeinen Eigenschaften wie etwa Schwere und Teilbarkeit muß das Besondere am Material wie: Härte, Weichheit, Festigkeit, Dauerhaftigkeit u. a. bekannt sein. Von alters her ist das Holz eines der wertvollsten Baumaterialien. Die verhältnismäßig leichte Verarbeitungs- und Anpassungsmöglichkeit des Holzes macht es auch für die Zukunft, wie schon in einem anderen Zusammenhang betont wurde, zu einem unentbehrlichen Schiffbaumaterial. Alle möglichen Arten von Laub- und Nadelhölzern finden im Schiffbau Verwendung; neben der Eiche, Esche, Buche, Lärche, Kiefer, Fichte, Tanne wird eine große Anzahl ausländischer Hölzer geführt, vor allem Teak, Mahagoni, Moa, Pitch-pine, Oregonpine, White-pine, Palisander. Es gibt eigentlich wenig Holzarten, welche nicht im weit verzweigten Verwendungsgebiet des Schiffbaues irgendwie gebraucht werden können. Voraussetzung ist nur, daß das Holz, welches zur Verarbeitung gelangt, gut abgelagert ist und gut präpariert ist, um der Fäulnis wirksam zu begegnen. Die Feuchtigkeit hat auf das Verhalten der Hölzer hohen Einfluß. Mit dem Verluste der Feuchtigkeit — dem Austrocknen — ist Volumenverminderung, das sog. »Schwinden«, sehr häufig aber auch eine Veränderung der Gestalt das »Werfen« und endlich Abtrennung einzelner Teile, das »Reißen« verbunden. Nimmt trockenes Holz wieder Feuchtigkeit auf, so vergrößert sich sein Volumen, es tritt das »Quellen« ein. Holz, welches im Winter gefällt ist, hat wenig Saft und trocknet leichter und gründlicher aus als Frühjahr- oder Sommerholz. Letzteres, sog. »grünes Holz«, wird auch dann einen Teil seiner Feuchtigkeit behalten, wenn es vor Regen geschützt bleibt und »lufttrocken« gemacht ist. Man muß es darum künstlich (in Öfen) dörren; trotzdem geht es aber bei erneutem Zutritt von Feuchtigkeit leicht in Verfall über. (Splintholz). Am schnellsten geht das Holz unter dem Einfluß wechselnder Witterung, wie es ja bei Außenhölzern im Schiffbau immer der Fall ist, zugrunde.

Man unterscheidet beim Schnitt der Hölzer: Hirnfläche, Tangentialfläche und Spiegelfläche. Hölzer radial geschnitten (Spiegelhölzer) sind die wertvollsten (Wagenschottplanken). Die spaltende Wirkung der Markstrahlen wird zurückgedrängt. (Abb. 15). Um dem vorzeitigen Verfall vorzubeugen, imprägniert man die Hölzer. Dies geschieht durch Zuführung von Tränkflüssigkeiten, die in der Hauptsache Zinksalze enthalten. Auf unvollkommene Weise erreicht man die Imprägnierung durch Anstrich oder durch einfaches Einlegen (Einsumpfen) in die Tränkflüssigkeit. In neuer Zeit hat man durch Anbohrungen (Anstechverfahren) die Wirkung der Imprägnierung erhöht, obgleich durch die Querbohrungen ein Festigkeitsverlust eintritt. Besser ist die Wirkung bei dem Saftverdrängungsverfahren; hier wird bei frisch gefällten Stämmen die Tränkflüssigkeit in Richtung des Saftstromes (von unten nach oben) unter Druck durch den Baum geleitet. Die vollkommenste Art ist das sog. »Kesseldruckverfahren«, bei welchem das Holz in großen verschraubbaren Kesseln Dämpfen ausgesetzt wird. Durch Erzeugung von Vakuum wird dann die Tränkflüssigkeit angesogen und das Ganze allmählich während einer Dauer von 3—10 Stunden — je nach Beschaffenheit und Art der Hölzer — unter Druck von 7 bis zu 25 Atmosphären gebracht. Die eingepreßte Tränkflüssigkeit läßt sich nicht so leicht wieder auswaschen. Auch später wieder gedämpfte Hölzer, wie sie für den Kleinschiffbau (Spanten, Planken) Verwendung finden, werden nur unbeträchtlich ausgelaugt. Vielfach wird bei vorhandener eigener Tränkanlage gleich im Anschluß an dies Verfahren das Holz am Schiff gebogen und fest gemacht.

Das Eisen, Schmelzpunkt 1100 bis 1600^0 Celsius, ist das am meisten vorkommende Metall und nimmt gegenwärtig als Baustoff einen führenden Platz ein. Als Schiffbaumaterial findet es als sog. Flußstahl*) die weitgehendste Verwendung. Die Gewinnung dieses Materials steht auf vollendeter Stufe. Die durch Beimengungen — teilweise schädlicher Art — und durch die Höhe des Kohlenstoffgehalts bedingte verschiedenartige Eisengewinnung aus Erzen haben eine vielgestaltige Eisenindustrie geschaffen. Die einzelnen Verfahren haben aber gleichzeitig verschiedenartige Produkte des Eisens als Guß- oder Walzmaterial und Schmiedeeisen gezeigt, die für den allgemeinen Schiffbau, für den Großschiffbau und Schiffsmaschinenbau unentbehrlich geworden sind.

Der Flußstahl, durch das Windfrischverfahren (Bessemer, Thomas) erzeugt, hat sich einen führenden Platz erworben, daneben findet der

---

*) Nach den neuesten Bestimmungen des Werkstoffausschusses des N. D. I. ist in Zukunft alles auf flüssigem oder teigigem Wege erzeugte, ohne Nachbehandlung schmiedbare Eisen — mit »Stahl«, also in unserm Fall mit Flußstahl, Schweiß- oder Puddelstahl zu bezeichnen. Es ist demnach eine scharfe Grenze zwischen dem Roheisen, »Gußeisen« und dem Flußstahl gezogen.

Schweißstahl (im Puddelprozeß erzeugt) für Schmiedestücke, Wellen, Ruderteile und Nieten Verwendung. Endlich hat der Stahlformguß sich in großem Umfange Eingang verschafft; es ist möglich geworden, dünnwandigen Stahlformguß von hoher Festigkeit für Schiffbauzwecke nutzbar zu machen. Alle Stahlsorten stehen unter dem schädlichen Einfluß des sie umgebenden Sauerstoffs; an der Oberfläche bildet sich durch Verbindung von Eisen und Sauerstoff Eisenoxyd (Rost). Es müssen geeignete Maßnahmen getroffen werden, diesen schädlichen Prozeß zu unterbinden. Unter »Erhaltung des Schiffskörpers« wird diese Frage besonders behandelt. Die Klassifikationsgesellschaften haben eingehende Vorschriften über die Festigkeitsbedingungen des Materials für die verschiedenen Verwendungszwecke erlassen, so daß sich hier ein weiteres Eingehen auf die Eigenschaften erübrigt.

Neben dem Eisen gehört das Kupfer zu den schätzbarsten Metallen in der Schiffahrttechnik. Es kommt in der Natur sowohl gediegen, als auch in Verbindungen vor (Kupfererze). Schön rot von Farbe und eines hohen Glanzes fähig, findet das Kupfer wegen seiner großen Zähigkeit und seinem Anpassungsvermögen ausgedehnte Verwendung in Form von Blech, Stangen, Draht, Röhren und Preßteilen. Besonders aber in Verbindung mit andern Metallen (Legierungen) ist seine Verwendung im Schiffsmaschinenbau nahezu unentbehrlich. Es schmilzt bei 1100—1200° Celsius und widersteht in sehr hohem Grade den Witterungseinflüssen. Während die Oxydschicht des Eisens (Rost) die Zerstörung der Bestandteile des Eisens unter der Sauerstoffeinwirkung fördert, bildet das Kupferoxyd (Patina) eine Schutzschicht, die den Zerstörungsprozeß auf natürliche Weise verhindert.

Das Zink kommt in der Natur nicht gediegen sondern nur in Erzen vor. Es hat eine bläulich weiße Farbe, ist sehr weich und verschmiert daher die Feile. Seine leichte Schmelzbarkeit (435° C.) und seine Widerstandsfähigkeit gegen Witterungseinflüsse, macht es für Rohrleitungen und metallischen Überzug u. a. sehr geeignet.

Das Zinn wird ebenfalls aus Erzen gewonnen. Es ist silberweiß, weich und geschmeidig. Sein Vorkommen ist sehr gering, als dünngewalztes Material kommt es als Zinnfolie in den Handel. (Schmelzpunkt 235° C.) (Auskleidung von Kühlschränken usw.)

Das Blei kommt rein selten vor. Als Bleierz wird es in Verbindung mit Schwefel am häufigsten gefunden und unter dem Namen Bleiglanz gewonnen. Es schmilzt bei 335°, hat eine lichtgraue Farbe, ist sehr weich und hat ein verhältnismäßig hohes Einheitsgewicht. Seine Verwendung ist vielseitig, besonders bei Rohrleitungen und elektrischen Akkumulatoren.

Das Nickel finden wir meist in Verbindung mit andern Metallen es ist silberweiß und hart, dabei aber zäher als das Eisen, sehr dehnbar und läßt sich glühend schmieden. Beim Erhitzen läuft es wie Stahl in verschiedenen Farben an und schmilzt erst bei 1500° Celsius. Das Nickel findet ähnlich wie das Antimon als Beimengung zu Legierungen Verwendung, so u. a. bei Neusilber und Scheidemünzmetallen. Seine weiße Farbe, Härte und Unempfindlichkeit gegen die Einflüsse der Luft machen es zum metallischen Überzug für Beschläge sehr geeignet.

Das Aluminium ist erst in neuer Zeit bekannt geworden, es kommt gediegen nicht vor, sondern meist in Verbindung mit Tonerde. Man rechnet es zu den Edelmetallen, es glänzt wie Silber, verändert aber an der Luft seinen Glanz nicht, es ist hämmer- und schweißbar, zäh wie Eisen und gußfähig. Sein Eigengewicht ist sehr gering (2,5.) Der Schmelzpunkt liegt auf 600°. Die Dehnbarkeit des Metalls ist sehr groß. Durch Glühen und schnelles Abkühlen wird es weich, während

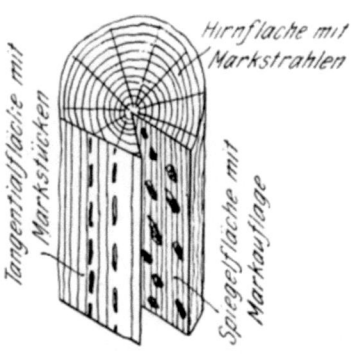

Abb. 15. Holzaufteilung.

durch allmähliche Abkühlung ein federhartes Metall erzeugt wird. Es ist eine vorzügliche Ergänzung oder ein Ersatz des Eisens in allen den Fällen, wo es auf leichte Bauart (Luftschiff) und saubere Ausführung (Hallendach u. a.) ankommt. Auch als Beimengung zur Herstellung von Legierungen ist es gut zu gebrauchen.

Die besprochenen Metalle, wie Kupfer, Zink, Blei, Nickel — Aluminium finden, wie schon angedeutet, vielfach in Verbindung miteinander als Legierungen Verwendung.

Eine Legierung ist eine durch Zusammenschmelzen zweier Metalle erzeugte Mischung bezw. chemische Verbindung. Auf diese Weise vereinigt man Eigenschaften oder erzeugt neue Eigenschaften, die für Spezialverwendungen von besonderem Wert sind. Besonders im Schiffbau haben die Legierungen als witterungsbeständige Baustoffe eine hohe Bedeutung.

Unentbehrlich ist für den Schiffbau immer das Tauwerk gewesen. Bei den Phöniziern und Ägyptern war es das Bindemittel für die einzelnen Holzteile. Es ist aus gesponnener Pflanzenfaser (Hanf, Manila, Cokus) geflochten und wird heute in den verschiedensten Stärken als Bändsel, Leine, Trosse und Kabel in den Handel gebracht. Seit der Einführung des Eisens ist auch der Draht zu Seilen und Trossen verarbeitet. Der Seiler oder Reepschläger vereinigt die einzelnen Seile oder Litzen bezw. Kardeelen und dreht (schlägt) sie zu Kabeln oder Trossen zusammen. Als laufendes und stehendes Gut finden die beiden Arten in inniger Wechselwirkung vorteilhafteste Verwendung. Die Biegsamkeit und Festigkeit fein- und flachlitziger Drahtseile ist auf eine vollendete Stufe gebracht.

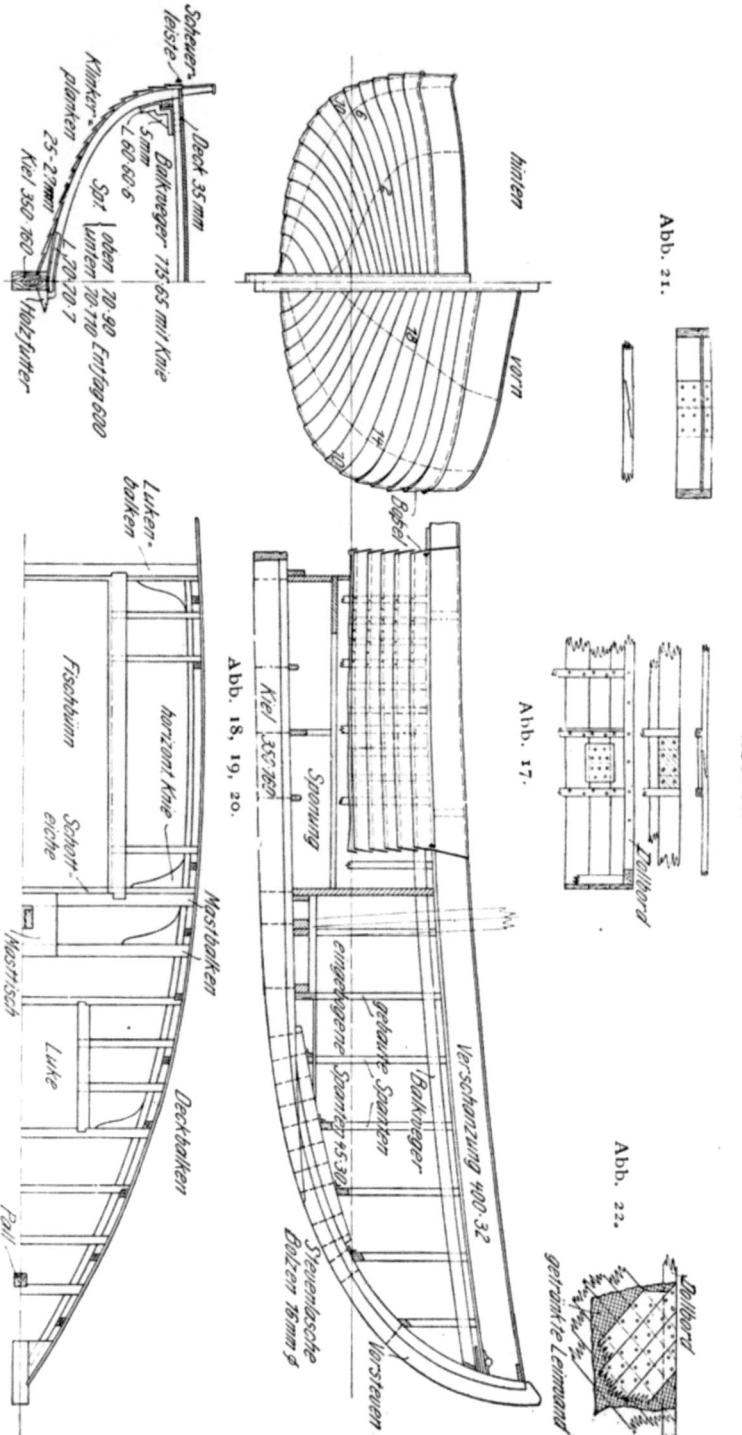

Abb. 16. Blattlasche. Abb. 17. Kravelbau mit Stoßlasche. Abb. 18, 19, 20 Fischkutter in Klinkerbauart L = 12 m, B = 3,8 m, Beseglung 6,4 m². Abb. 21. Kiellasche. Abb. 22. Diagonalbau.

4. Kapitel.

Konstruktionsformen des Schiffbaues:

a. Holzschiffbau.

Wenngleich das Eisen in seiner neuzeitlichen Gewinnung als Flußstahl die Konstruktionsbedingungen im Schiffbau wesentlich umgestaltet hat und der Schiffbau aus einer rein handwerksmäßigen, individuell gerichteten, ganz auf das Empirische eingestellten Bauweise zu einer auf Grund der technischen Neuerungen mehr systematischen, wissenschaftlich eingestellten Bauweise übergegangen ist, an deren Anfang die Klassifizierung der Schiffe steht, so bleibt doch unverkennbar ein gewisser Zusammenhang zwischen reiner Holzbauart und reiner Eisenkonstruktion bestehen. Neben mancher Bezeichnung ist auch die Verbindungsart einzelner Konstruktionsteile aus dem Holzschiffbau in den Eisenschiffbau übernommen. Hintersteven, Kiel, Vorsteven, Spanten und Balken, Außenhaut und Deckverbindungen u. a. weisen manche gemeinsame Züge auf. Einmal sind die auf den Schiffskörper einwirkenden Kräfte, soweit sie rein von außen durch den tragenden Baugrund hervorgerufen werden, der Natur nach dieselben zum andern hat das Holz einige Wesenszüge der Zug-, Druck- und Biegungsfestigkeit mit dem Eisen gemein.

Die im bewegten Wasser hervorgerufene eigenartig pendelnde Bewegung des Schiffskörpers, die sich quer als Schlingerbewegung und längs als Stampfbewegung äußert und in Verbindung beider einen für die Bordbewohner Schwindel erregenden Rhythmus zeitigt, ruft wechselnde Beanspruchungen hervor zwischen höchst positiv und höchst negativen Werten. Diesen Beanspruchungen muß also eine Festigkeit der Verbände entgegengesetzt werden, die unter Fall III. (geringste Werte) der zulässigen Spannungen (vergl. Hütte Band 1) zu rechnen sind. Der Einbaum, das aus einem einzigen Baumstamm gefertigte Boot unserer Altvorderen, ist vom neuzeitlichen Standpunkt der Festigkeit aus gesehen, da er ohne Naht, Niet, Nagel und Lasche ist, der Idealbau. Darum kommen auch heute noch die gewachsenen Hölzer, die sogenannten Krummhölzer, wegen ihrer Anpassungsfähigkeit an die runden Schiffsformen weitgehend zur Anwendung. Stöße und Laschen, die immer eine Schwächung des Verbandes darstellen, werden bei Anwendung gewachsener Hölzer in ihrer Zahl verringert. Im Boots- und Kleinschiffbau werden aus diesem Grunde die Hölzer, soweit angängig, künstlich gebogen, besonders als Spanten.

Die Schiffsform wird im wesentlichen durch das Aufstellen von Spanten (Querrippen) festgelegt. Nach dem auf dem Plan aufgerissenen Spantenriß werden zu diesem Zweck Modellspanten (Lehrspanten oder Schotten) gefertigt und aufgestellt. Kiel und Steven bilden dann für das ganze Leergerüst im Holzschiffbau das Rückgrat und die verbindende Einheit (Abb. 21.) Von unten her wird das Schiff dann aufgeplankt, entweder klinkerförmig oder glatt nach Karweelbauart. Kielgang und die Enden der Planken verlaufen in die Sponungskante an Kiel und Steven. Bei der Klinkerbauart überlappen sich die Längskanten der Planken zur Erzielung einer guten Vernietung etwa um doppelte Plankendicke. Bei der Karweelbauart werden die Planken sauber aneinander gefügt. Die Verbindung mit dem Festholz, dem sogen. Totholz, wird durch Nägel und Schrauben, diejenige mit den übrigen lebendigen Teilen durch Nietnägel bewerkstelligt. Man bedient sich entweder verzinkter Nägel oder macht »kupferfeste« Nietung. Die Löcher werden mit dem Drillbohrer nur so groß vorgebohrt, daß die Nietnägel unter Druck eingeschlagen werden müssen, und zwar von außen, von innen werden dann die durchragenden Spitzen abgekniffen und auf kleinen Scheiben »verklinkt.« Stärkere Teile werden verbolzt oder verschraubt. Während bei Klinkerbauart außer einer Zwischenlage von Papier oder Stoff keine besondere Dichtung der Planken erforderlich wird, muß man bei Karweelbauart die stumpf aneinander gefügten Plankennähte mit Baumwolle oder Werg abdichten (kalfaten) und dann verkitten oder verpechen. Die Breite der Planken richtet sich nach der Querkrümmung also nach der Krümmung der Spanten und nach dem Geschmack der Erbauer. Bei Sport und Luxusfahrzeugen werden sie besonders schmal gehalten. Die Plankenstöße werden bei dünnen Planken entweder lang überlappt, und zwar so, daß der vorn liegende Teil außen liegt, (ausgeschärft) oder aber stumpf gestoßen und mit einer innen liegenden Lasche versehen. (Abb. 16 u. 17.) Bei größeren Fahrzeugen läßt man die Lasche fort, muß dann aber für eine gute Stoßverteilung — Verschießen der Planken — Sorge tragen. Wesentlich ist die Anordnung einer genügenden Anzahl von Nieten, bezw. Schraubbolzen. Der Abstand in den Landungen der Planken bewegt sich je nach der Stärke zwischen 60 und 100 — 110 mm, entsprechend dem 12—25 fachen Durchmesser der Nietnägel. (Abb. 17—20.) In den

Spanten werden die Nietnägel im Zickzack gegeneinander versetzt. Naturgemäß muß bei Karweelbauart auf eine gute Spantverbindung Wert gelegt werden, da gegenüber der Klinkerbauart der direkte Zusammenhang mit den einzelnen Planken fehlt. Über den Kiel hinweg werden die Spanten miteinander durch Bodenwrangen verbunden und mit dem Kiel verkämmt. Bei gebauten Spanten unterscheidet man im Boden noch Sitzer (Bauchstücke), die über die Kimm reichen und hier mit dem oberen Teil des Spantes, dem »Auflanger« verbunden werden. Die Bodenstücke werden auch vielfach genau zwischen die eigentlichen Spanten gesetzt. Durch dies Versetzen der Verbindungsteile wird eine bessere Trockenhaltung des Innenschiffes gewährleistet und damit der Entstehung von Fäulnisherden besser entgegengearbeitet. Schmutzecken erhöhen diese Gefahr!

Neben Karweel- und Klinkerbauart findet noch der »Diagonalbau« Anwendung; bei diesem System sind nur Innhölzer im Boden von Kimm zu Kimm reichend angeordnet; im übrigen wird die Festigkeit durch zwei kreuzweis (diagonal) übereinander gelegte Plankenlagen hergestellt. Als Dichtung dient eine Zwischenlage von getränktem Stoff (Leinewand) die Feldvernietung ist über Eck mittels 2 Nieten, je 1 oben und unten, anzuordnen. (Abb. 22.) Der Querverband eines offenen Fahrzeuges wird oben durch eine aus Querduchten hergestellte Verankerung des Dollbaums und Schandeckels abgeschlossen. Bei halb und ganz gedeckten Fahrzeugen bietet die Decke eine gute Aussteifung. Das Kniestück aus Holz gefertigt oder aus Eisen geschmiedet hat sich als geeignetes Verbindungsmittel für den Schiffbau erwiesen, da es die Spannungserscheinungen am besten auf die Konstruktionsteile verteilt.

Der Holzschiffbau hat die mannigfachsten Bauweisen, wie sie durch die Anpassungsfähigkeit des Holzes ohne weiteres gegeben sind, hervorgerufen; so gibt es u. a. Nahtspantensystem, Doppelkarweel, Verarbeitung mit Segeltuch; sie sind aber für unsere allgemein gehaltenen Grundlagen von untergeordneter Bedeutung. Der Boots- und Holzschiffbau steht auch heute noch unter dem Zauber der traditionell gewordenen handwerksmäßigen Bauweise und damit unter dem individuellen Einfluß der einzelnen Werftbauarten.

Eine Klassifizierung wird nur bei größeren Fahrzeugen vorgenommen. Die Festigkeitsuntersuchungen führen hier noch mehr als bei eisernen Schiffen zu Annäherungswerten. Fest steht, daß die Festigkeit des Holzes gegenüber lokalen Beanspruchungen bei der Leichtigkeit und größeren Querschnittsfläche des Materials von besserer Widerstandskraft ist, als bei eisernen Schiffen. Neben dem natürlich größeren Widerstandsmoment ist die Elastizität und Kohäsion des Holzes zwischen zwei eng gelagerten Stützpunkten besser als beim Eisen. Diese Tatsache rechtfertigt auch den größeren Abstand der Niete in den Landungen gegenüber gleichwertigen eisernen Beplattungslandungen. Aus diesem Grunde wird im Bootsbau das hölzerne Fahrzeug immer in einem gewissen Vorteil bleiben; erst bei größeren Abmessungen, wo die Gesamtfestigkeit den Ausschlag gibt und das Walzmaterial brauchbare Stärken auch für lokale Beanspruchungen (Stöße, Druck) erlangt, tritt die Überlegenheit des Eisens in Erscheinung, die bei großen Schiffen dann so gesteigert ist, daß das Holz hier nur noch als Belag und Wegerholz in Frage kommen kann. (Abb. 32, 33 und 36.)

Es wird im Bau von Sportbooten, wo es auf leichte Bauart und elegantes Aussehen vor allem ankommt, das Holz als Baumaterial auch in Zukunft führend bleiben, aber auch Fischereifahrzeuge von kleineren Abmessungen werden als Holzboote, soweit sie neben der Beseglung einen Hilfsmotor führen, auch ferner konkurrenzfähig sein.

b. Klassifikation.

I. Entwicklung und Stand. Nach mehrtausendjähriger Geschichte, aber doch lange vor der Zeit, als das Eisen seine Vorzugsstellung im Schiffbau errang, als Axt, Säge und Hobel noch die Haupthandwerkszeuge waren, hat man seegehende Fahrzeuge einer Klassifizierung unterworfen. Die ersten, wenn auch bescheidenen Anfänge gehen in das 17. Jahrhundert zurück. Im Jahre 1760 gründeten englische Assekuradeure das Registry of Shipping und gaben nach der Methode von Edward Lloyd* (»coffeehouse« Besitzer) das Underwriter Register oder Greenbook heraus. Im Jahre 1799 kam zum ersten Male durch die Schiffsreeder unter dem Firmenschild »New Register — Book of Shipping« das Shipowners Register oder Redbook heraus. Durch Verschmelzung der beiden genannten Gesellschaften entstand im Jahre 1834 in London die heute noch bestehende Klassifikationsgesellschaft »Lloyds Register of British and foreign Shipping«. Mit diesen Bestrebungen wurde in England eine Bewegung eingeleitet, die auch auf dem Kontinent Fuß faßte und ähnlich wie in England von Reedern und Assekurateuren (Schiffsversicherern) gefördert wurde. Unter Führung von Charles Bal entstand im Jahre 1828 das Bureau Veritas — das endgültig in Paris seinen Sitz nahm; es folgten 1858 Veritas Austro Ungario, Triest; 1861 Register Italiano, Genua; 1864 Norsk Veritas, Christiania (Oslo). Die Einführung der Schiffsmaschine belebte außerordentlich den Werdegang der Schiffsklassifikation. In Amerika finden sich die ersten Anfänge in den American Lloyds Registern von 1855 und 1857, aus denen 1867 in Boston der »Record of American Shipping« entstand. Genau zu derselben Zeit regten sich

---

*) Auf Grund der Aussagen von Kapitänen, Schiffsleuten und Verfrachtern wurden die Schiffe gewertet und feste Statistiken aufgestellt.

auch in Deutschland Bestrebungen, die Schiffsklassifikation in eigne Hand zu nehmen. Unter dem 16. März 1867 wurde in Hamburg auf Genossenschaftlicher Grundlage von Reedern, Schiffbaumeistern und Assekuradeuren der »Germanische Lloyd« ins Leben gerufen. Im Jahre 1868 siedelte die Gesellschaft nach Rostock über und gab hier ihr erstes Register heraus. Nach Begründung des neuen Deutschen Reiches ging der Germ. Lloyd nach Berlin, und Preußen verlieh ihm im Jahre 1875 die Rechte einer juristischen Person. In England entstand neben der schon genannten Gesellschaft im Jahre 1890 eine weitere Gesellschaft unter dem Namen »British Corporation for Survey and Registry of Shipping«, die in Glasgow ihren Sitz nahm.

Auf Grund dieser Registerführungen konnten sich die Bauwerften bei Neubauten auf ein reiches Material stützen, besonders nachdem die Klassifikationsgesellschaften mit der Einführung des eisernen Schiffes zu der regelmäßigen Ausgabe von vollständigen Bauvorschriften übergegangen waren. Wenn man die innere Entwicklung der Klassifikationsgesellschaften verstehen will, dann muß man den technischen Umschwung, wie ihn auch die Eisenindustrie in den letzten 100 Jahren vollführt hat, ins Auge fassen, und es wird klar, wie weit eine systematische, wissenschaftliche Durcharbeitung der empirischen Werte dem technischen Fortschritt dient. Sie ist nicht ohne die Entwicklung der technischen Schulen zu verstehen.

Schon unter Napoleon I. bestanden in Paris und in Portsmouth je eine Schiffbauschule, die später neben einer dänischen (Kopenhagen 1838 bis 1858) die wissenschaftliche Durchbildung der Schiffbauer betrieben. In Deutschland wurde ebenfalls schon im Jahre 1830 durch die Gründung der Schule in Grabow bei Stettin ein guter Grundstock für die Schiffbauwissenschaft gelegt.

Man erkannte, daß man sich bei dem Eisenschiffbau von den Konstruktionsformen des hergebrachten Holzschiffbaues lösen müsse. (Material-Eigenschaft). Besonders hat der Kriegsschiffbau befruchtend auf Einzelheiten der Konstruktionsteile gewirkt. Die verschiedenen Anforderungen, wasserdichte Unterteilung u. a. brachten zuerst gegensätzliche Gesichtspunkte. Die Great Eastern 1857 bedeutet auf dieser Bahn der eisernen Schiffe einen großartigen, wenn auch verfrühten Versuch. In den siebziger Jahren wurde die Notwendigkeit einer Trennung zwischen höherem und niederem Schiffbauunterricht anerkannt. An der Spitze der Hochschulen standen die Royal Naval School in Greenwich und die Ecole du Génie Maritime zu Paris. Im Jahre 1883 wurde an der Universität zu Glasgow ein Lehrstuhl für Schiffbau eingerichtet. In Deutschland dagegen wurde die im Jahre 1861 dem Gewerbe Institut angegliederte Fachabteilung für Schiffbau zu einer selbständigen Abteilung der technischen Hochschule zu Charlottenburg gemacht. Weiterer Fachschulunterricht wurde von 1873 an in der Hamburger Gewerbeschule erteilt, dem die Stadt Bremen mit einer Schiffbauschule in den neunziger Jahren folgte. Die Österreicher besaßen eine Akademie in Pola. In den Vereinigten Staaten bestehen seit Beginn der neunziger Jahre wissenschaftliche Institute. Im Jahre 1901 folgten die Japaner. Aus der neueren Zeit mag noch die 1904 erfolgte Gründung der Danziger Hochschule erwähnt werden. — Auf diese Weise war es gelungen, auf den verschiedensten Gebieten des Schiffbaues (Stabilität, Schiffswiderstand, Schraubentheorie, Schiffschwingung u. a.) hervorragende Fachleute heranzubilden. Für die Fragen der Klassifikation auf dem Gebiete der Festigkeit machten Ed. Reed und John weitgehende Untersuchungen, die für die Normung der Materialstärken in den Bauvorschriften grundlegend

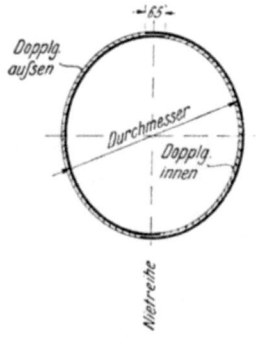

Abb. 23 a. Mastpfosten im Querschnitt.

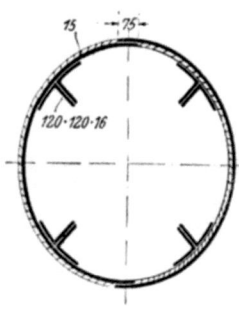

Abb. 23 b. Mastpfosten im Querschnitt (ausgesteift).

wurden. Damit war der erste Schritt getan, neben der empirisch überlieferten Bauweise, der systematisch wissenschaftlichen Entwicklung die Wege zu ebnen. (Dr. Thearle, Middendorf, Pietzker, Linau). Daneben hat das Subventionswesen und Prämiensystem, welches zur Förderung des Schiffbaues hie und da angewandt wird, auch einen Einfluß auf die Wertung der Handelsschiffe im technisch fortschrittlichen Sinn. Ferner spielt die Güte der Handarbeit und die maschinelle Präzisionsarbeit (Werkzeugmaschinen), mit einem Wort Qualitätsarbeit, neben der guten konstruktiven Durchbildung in bezug auf die Bewertung des Gesamtbauwerks eine Rolle.

Nach Art der auf dem Schiffskörper einwirkenden äußeren Kräfte kann man auch heute im wesentlichen unterscheiden:

1. Längsfestigkeit, d. h. die Festigkeit des als Träger gedachten Schiffes gegen Verbiegungen in der Längsrichtung.

2. Querfestigkeit, d. h. die Festigkeit der Querverbände gegen Wasserdruck und zusätzliche Belastungen.

3. **Lokale Festigkeit**, d. h. die örtliche Festigkeit gegen besonders eingeführte Kräfte.

4. **Drehungsfestigkeit**, d. h. die zusammengesetzte Festigkeit der Längs- und Querverbände gegen auftretende Verdrehungsbeanspruchungen des ganzen Systems.

Bei der Eigenart des tragenden Baugrundes und der schon im Eingang des Kapitels erwähnten eigenartig pendelnden Bewegung des Schiffes, hervorgerufen durch zwei verschiedene Medien, wie Wasser und Luft es sind, lassen sich die Auswirkungen mathematisch nicht genau zergliedern; nur durch sogen. Vergleichsrechnungen konnte man unter bestimmten Annahmen Festigkeitsbetrachtungen anstellen. So führten die Untersuchungen der Längsfestigkeit des auf einem Wellenberg schwimmenden Schiffskörpers (Wellenlänge = Schiffslänge, Wellenhöhe = $\frac{1}{20}$ der Wellenlänge, Mittelwert max. Biegemoment = $\frac{P \cdot L}{35}$ [P = Schiffsgewicht]) zur Grundlage von Höchstbiegungs- und Scheerbeanspruchungen.* Der Niederschlag dieser Betrachtungsweise fand unter Berücksichtigung praktischer Gesichtspunkte, wie oben gesagt, in den Klassifikationsgesellschaften den genormten Ausdruck. (Abb. 4).

In Deutschland konnte sich der Germ. Lloyd nur allmählich durchsetzen, erst im Jahre 1894 wurde z. B. die Vorherrschaft des Bureau Veritas im Elbegebiet gebrochen. Mit der S. B. G.**) wurde in dem genannten Jahre ein Vertrag abgeschlossen, nach dem der G. Ll. in allen technischen Fragen die Überholung und Überwachung der Schiffe als Gutachter übernahm. Der Seeunfall des Fahrgastschiffes »Elbe« gab im Jahre 1895 (9. Februar) Anlaß zu einer Interpellation im Reichstag, zu der sich der damalige Reichskanzler Hohenlohe mit nachstehenden Worten äußerte: »Was die Sicherstellung der Seetüchtigkeit der Seeschiffe anbelangt, so hat bereits unsere Unfallversicherungsgesetzgebung zu einer verstärkten Gewähr gegen Unfälle geführt. Die Unfallverhütungsvorschriften der S. B. G. enthalten in dieser Beziehung Weisungen, deren Beachtung im eigenen Interesse der Reeder liegt, weil von der größeren oder geringeren Seetüchtigkeit die Höhe der von den Reedern zu zahlenden Versicherungsprämien abhängt. Es ist zu einer weiteren Ausbildung dieser Vorschriften von Seiten der Reichsverwaltung die Anregung gegeben und eine Kontrolle über die Beobachtung derselben dadurch hergestellt, daß zufolge eines Abkommens zwischen der S. B. G. und dem Klassifikationsinstitut G. Ll., der letztere sich verpflichtet hat, durch seine Organe den Schiffbau zu überwachen. Auf diesem Wege wird sich die Einführung einer Reichskontrolle über den Schiffbau, ge-

---

* 1922 vor Institution of Naval Architects neu behandelt
** S. B. G. = Seeberufsgenossenschaft

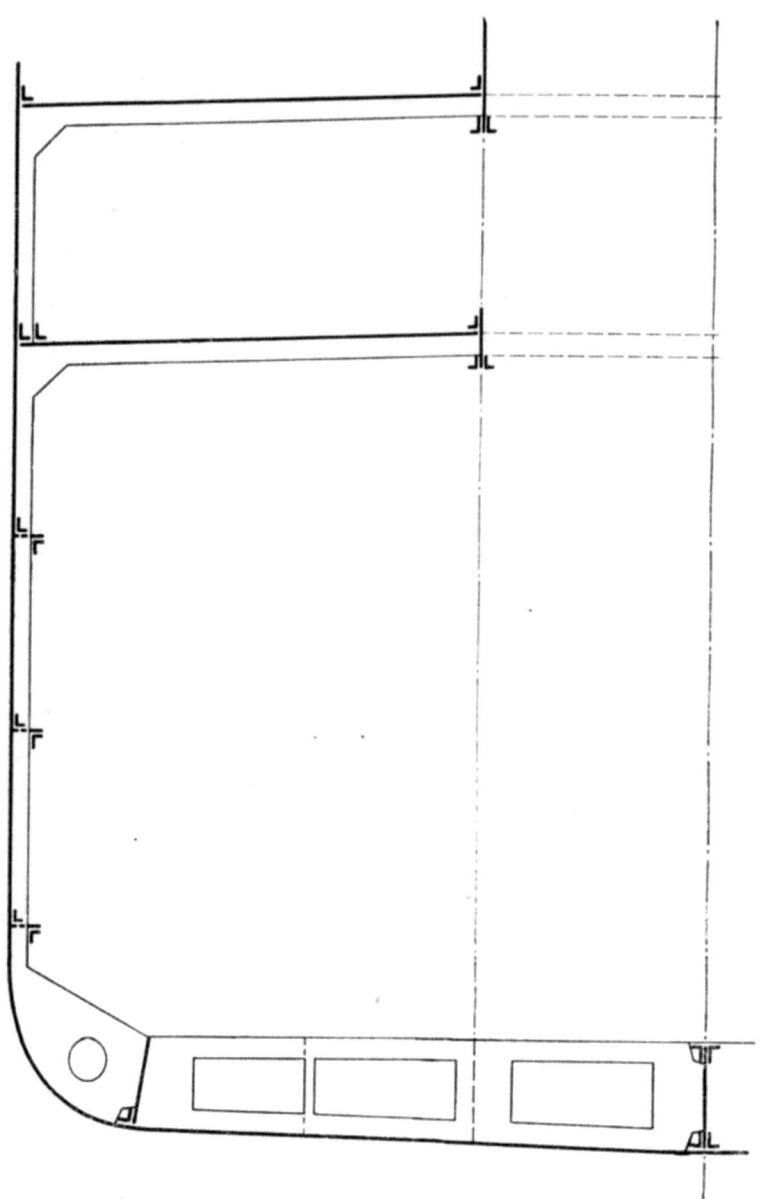

Abb. 24. Querspant mit offenen Bodenstücken und Seitenstringern (Zwischenspanten).

gen welche die Regierungen der Bundesstaaten sich in Übereinstimmung mit den Interessentenkreisen ausgesprochen haben und welche eine recht kostspielige Organisation erforderlich machen würde, voraussichtlich als unnötig erweisen. Sollten dabei sich gleichwohl Mängel ergeben, so werden die Regierungen der Einführung einer staatlichen Überwachung des Schiffbaues sich nicht entziehen können.« —

Auf dieser von der Reichsregierung gewiesenen Bahn hat sich der G. Ll. bewegen und seinem Einfluß immer mehr Geltung verschaffen können.

Die Betrachtungsweise der Klassifikationsgesellschaften stützt sich bei Aufstellung ihrer in periodischen Abständen immer wieder erneut herausgegebenen Bauvorschriften im wesentlichen auf die hier in knappen Strichen skizzierten Überlegungen. Für die Beurteilung der Längsfestigkeit ist die Höhe des tragenden Schiffsquerschnittes maßgebend; (Trägheitsmoment $\boxtimes$) in großem Umfange sind die Aufbauten, soweit sie einen wesentlichen Faktor in der Längenausdehnung in bezug auf die Gesamtlänge des Schiffskörpers ausmachen, mit herangezogen. Es hat sich das Bestreben Geltung verschafft, die Gurtungen zu verstärken, so haben u. a. Eindeckschiffe mit einer Seitenhöhe von 7,32 m und mehr Eingang gefunden. Ferner hat man die durch den Einbau des Doppelbodens nach unten gerückte neutrale Faser durch Verstärkungen des Oberschiffes wieder höher gebracht, die unteren Decks als Plattformdecks behandelt und die Materialstärken unter Berücksichtigung eines zweckentsprechenden Freibords allgemein verringert, um bei der erstrebten Gewichtsabnahme doch ein gleiches Widerstandsmoment des tragenden Querschnittes zu behalten. (Abb. 24).

Die Hauptabmessungen des Schiffskörpers: Länge $= L$, Breite $= B$ und Höhe $= H$, bilden für die Aufstellung der Materialtabellen die Grundlage, in Verbindung mit den Leitzahlen für Sonderteile sind sie Richtung gebend. Entsprechend den verschiedenen Verwendungsarten und Zwecken der Schiffe sind eine Reihe von Sonderbauvorschriften und Sondervorschriften erlassen z. B. für Binnenschiffahrt und Seeschiffahrt, für Segel-Jachten in Holz und Eisen, für Öl- und Erztransport.

Im Jahre 1910 wurde neben dem üblichen Querspantensystem das vom Engländer Isherwood aufgestellte Längsspantensystem eingeführt. Aus diesem heraus hat sich dann für Tank- und Schwergutschiffe durch entsprechende Wahl der Profile und Querrahmen-Konstruktionen in Verbindung mit Längsschotten eine rationelle Bauweise nach Längsspantenart entwickelt. (Abb. 25)

In neuerer Zeit hat man besonders die weittragenden Stützen mit verstärkten Unterzügen durchgebildet. An den Stützstellen ist auf zweckmäßige Durchbildung des Querverbandes zu achten, damit die Stützen den ausgesprochenen Charakter einer Verankerung der Verbände tragen, also nicht nur gegen Druck, sondern auch gegen Zug gesichert sind. Die großen Flächenvernietungen haben für Aussteifungen und

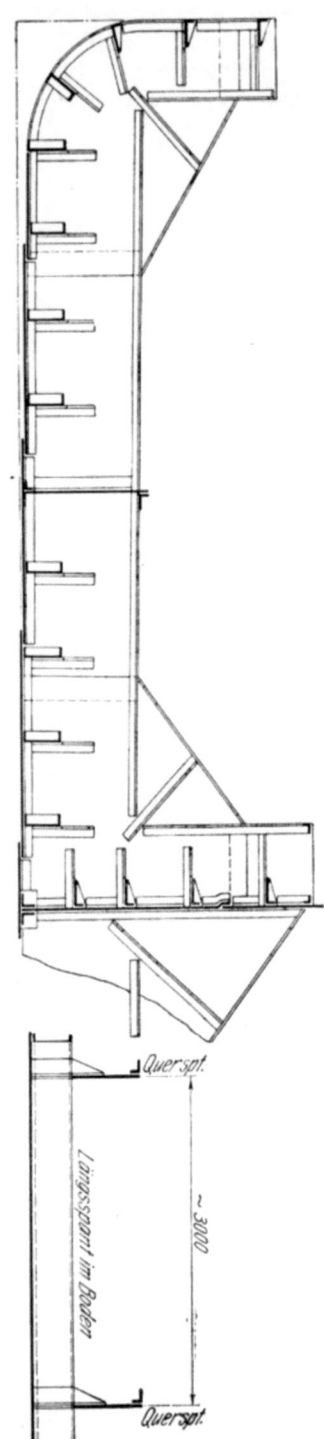

Abb. 25. Rahmenquerspant mit Längsspantenbauart. (Unterer Teil.)

Verstärkungen durch gebaute Balken eine Bedeutung, die in neuerer Zeit erst in vollem Umfange erkannt wird. Gerade durch die Quer- und Längsversteifungen wird die Flächenvernietung ein Bindeglied, das in breiten Zonen an den Knotenpunkten sich kreuzweis überlagert (Abb. 26) und hier feste Einspannungen schafft, auch wenn keine besonderen Kniekonstruktionen angeordnet sind. (s. Anwendung der Clapeyronschen Gleichung von Lorenz*). Im regen Austausch mit der Praxis und den

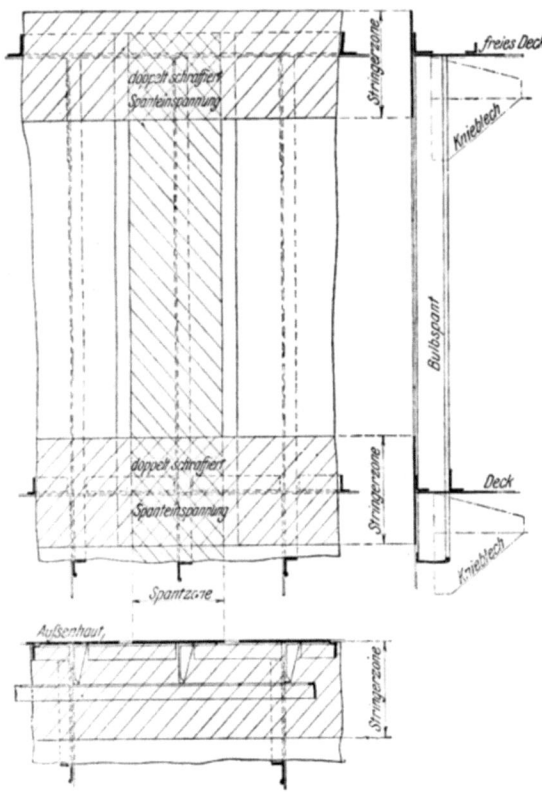

Abb. 26. Schematische Darstellung der Spannungsverteilung zusammengenieteter Konstruktionsteile (Flächenvernietung).

Vertretern der Wissenschaft ist an dem Ausbau der Vorschriften gearbeitet. Auch der Austausch mit der S. B. G. bezw. mit dem Board of Trade, England, hat sich in letzter Zeit reger gestaltet. (Bau von Rettungsbooten u. a. als Schutz des menschlichen Lebens auf See**).

Bei der Fortentwicklung der Bauvorschriften hat man sich nicht nur von dem Gesichtspunkt leiten lassen, den Schiffen einen höchstmög-

---

*) s. a. Dahlmann.
**) Der H. N. A. hat die Normung von Rettungsbooten abgeschlossen und damit auch hier der einheitlichen Entwicklung den Weg gebahnt.

lichen Grad von Seetüchtigkeit zu geben, sondern sie nach Möglichkeit auch den Zwecken anzupassen, welchen sie dienen. Es sind ferner Bestimmungen getroffen, die es ermöglichen, auch solchen Schiffen Klasse zu erteilen, die von der gewöhnlichen Form der Bauart abweichen. Besonders ist das Verfahren ausgebildet, die Verbände eines Schiffes jedem gewünschten Freibord anzupassen, sofern dieser größer ist als der vorgeschriebene Mindestfreibord. Vertreter aus allen Gebieten der Schiffbauindustrie wirken als Sachverständige mit.

II. Auslösung von Spannungen. Es ist keine Frage, das Schiff ist höheren, vielseitigeren Beanspruchungen ausgesetzt als irgend ein anderes Bauwerk. Schon auf dem Entstehungsort, auf der Helling, wo zumeist der Bau in geneigter Lage zur Wasserebene vor sich geht, ist die Abstützung eine wichtige Aufgabe für den Schiffbauer. Der Stapellauf bringt eine — wenn auch nur vorübergehende — große Beanspruchung in den Körper. Bei diesem Vorgang werden Kräfte entfaltet, die vielleicht nur bei Strandung oder sehr schwerem Wetter auf dem Ozean überboten werden. Durch schlechte Pallung während des Dockens und Slippens (auf Land ziehen) können außerdem große beachtenswerte Spannungen in den Schiffskörper getragen werden, auch ungleich verteiltes Frachtgut bei leicht gebauten Binnenfahrzeugen führt zu schädlichen Spannungen. Im übrigen sind die Beanspruchungen bei einem schwimmenden Körper in der Ruhelage naturgemäß gering. Ist das Schiff dagegen in Bewegung, so treten in ruhigem Wasser zu den Lastkräften bezw. Gewichten auf der einen Seite und zu den Stützkräften oder dem Auftrieb auf der andern Seite, die Widerstandskraft des sich dem Schiffskörper entgegenstellenden Wassers und die durch den Fortbewegungsmechanismus erzeugten Kräfte — in Erscheinung. Vollends erreichen die auf den Schiffskörper einwirkenden Kräfte ein Maximum, wenn Wind und Wellenschlag dazukommen, wenn das Schiff außer der Vorwärtsbewegung, die unter I gekennzeichneten Roll-, bezw. Schlinger- und Stampfbewegungen ausführt.

Während die Schiffe im Verlauf der Jahrhunderte hinsichtlich der Form des Überwasserschiffes bis zum Schandeck und der darüber befindlichen Aufbauten — schon rein äußerlich genommen — eine große Veränderlichkeit gezeigt haben, blieben sie hinsichtlich der äußeren Abmessungen in geringen Grenzen. Die Anordnung und Aufstellung der Aufbauten hatte für die Festigkeit des Schiffskörpers nur lokale Bedeutung und kam nach der guten wie schädlichen Seite kaum in Betracht. Erst die neuzeitliche Entwicklung schaffte andere hier schon mehrfach gekennzeichnete Verhältnisse, die es ermöglichten, Schiffe bis zu titanenhaften Ausmaßen zu bauen. Ruderschiffe sind in bescheidenen Grenzen geblieben, dagegen haben die Segler an der Entwicklung teilgenommen. Die zweckmäßige Aussteifung der großen segeltragenden Masten und die feste Lagerung brachte besondere Mast- und Balkenverstärkungen mit sich. In bedächtiger Entwicklung sind die heutzutage üblichen, schlanken langgestreckten Segler entstanden. Das durchlaufende Oberdeck mit niedriger Poop bzw. Brücke und Back kennzeichnet den modernen Segler; der Unterschied zwischen den breiten und hochbordigen Schiffen aus der Vergangenheit tritt klar zutage. Die ebenmäßige Form dieser Schiffe verhilft dem Baumaterial (Flußstahl) zu guter Wirkung, Längs- und Querfestigkeit ist ausgeglichen. Auch das moderne Kriegsschiff zeigt eine langgestreckte Oberwasserform. Die Aufbauten sind, um keine Zielscheiben für feindliche Geschosse zu bieten, auf ein Minimum herabgedrückt. (Abb. 58). Dagegen zeigen die Handelsschiffe,

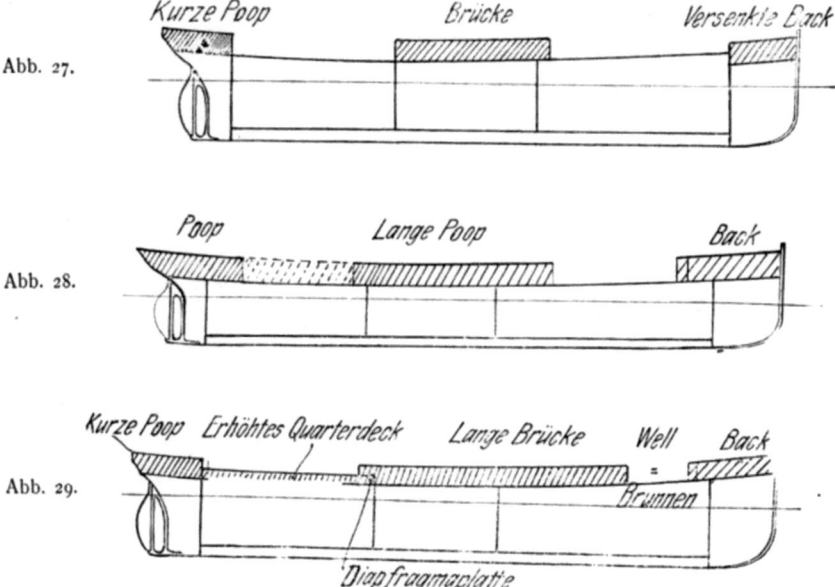

Aufbautenanordnung normaler Schiffe für Handel und Verkehr.

welche allein auf motorische Antriebskraft angewiesen sind, ein anderes Bild. Die Verschiedenartigkeit wird durch die Aufbauten angedeutet, die wirtschaftliche, ökonomische und zweckmäßige Seite des Schiffsbetriebes findet geradezu in den Aufbauten ihren Ausdruck. Die durch die Art und Anordnung der Aufbauten markanten Schiffsarten werden hier in Erinnerung gebracht. Es sind dies die verschiedensten Zusammensetzungen von Aufbauten wie: kurze und lange Poop, kurze und lange Brücke, Back, erhöhtes und versenktes Quarterdeck, Schutzdeck u. a. (Abb. 27, 28 u. 29).

Diese Schiffe stellen Typen dar, die in der Hauptsache dem Frachtverkehr dienen, bei denen es sich durch die mehr oder minder große

Schwere und Art der Zuladung und damit aus Gründen der Stabilität von selbst verbietet, ausgedehnte hohe Aufbauten anzubringen. Bei diesen Typen sind nach Möglichkeit die eben erwähnten Aufbauten, Poop, Brücke, Back, Quarterdeck, Schutzdeck, soweit sie hinreichende Länge besitzen, zur Festigkeit des ganzen Schiffsverbandes mit herangezogen. Die Materialstärken der Decks- und Seitenplatten des Hauptdecks werden in diese von Bord zu Bord reichenden Aufbauten verlegt und an den Übergängen am sogen. Bruch allmählich in das Ober- bezw. Hauptdeck zurückgeführt. Die für den gewöhnlichen Frachtdampfer üblichen kleinen Aufbauten: Maschinen- und Kesselschächte, Wohnhäuser, Kommandobrücke, Steuer- und Navigationsraum — haben für den Längsverband keine Bedeutung; sie sind von leichter Bauart. Aus ihnen haben sich die für den Passagierbetrieb bedingten, größeren Aufbauten entwickelt. Naturgemäß sind die hohen und langen Aufbauten der großen Passagierdampfer wegen ihrer schwächeren und luftigeren Konstruktion wenig geeignet, große, durch Wellengang oder durch Vibration hervorgerufene Spannungen in sich aufzunehmen. Vielfach hatten sich bei ersten Ausführungen in den Längswänden der Aufbauten bei den Ausschnitten (Türen, Pforten, Fenster) Risse und Lockerungen in der Vernietung gezeigt, die man auch durch lokale Verstärkungen nicht beheben konnte. Es wurden die durch das Arbeiten des Schiffskörpers hervorgerufenen Spannungen von den oberen starken und tragenden Längsverbänden nicht genügend ausgelöst, sondern mit in die leichten empfindlichen Aufbauten zu deren Schaden übergeführt. Sobald die Aufbautenausmaße etwa $\frac{1}{6} - \frac{1}{8} L$ überschreiten, tritt die Tatsache in den Vordergrund, daß die in der äußeren Faser des Schiffsträgers befindlichen Konstruktionsteile bei weitem mehr beansprucht wurden als solche in der Nähe der Schwerpunktsachse, bezw. der neutralen Faser. Die langgestreckten Aufbauten großer Passagierschiffe bilden solche Außenteile und sind infolge ihrer leichteren Konstruktion wenig geeignet, die eingeführten Kräfte wirksam zu verarbeiten. Eine schwere Konstruktion dieser Aufbauten wird, wie schon gesagt, die Stabilitätseigenschaften dieser Schiffe stark beeinträchtigen und das Eigengewicht erhöhen, wenn man nicht die formstabilen Anschwellungen zur Anwendung bringen will. (Abb. 5). Man hat darum von einer Verstärkung der oberen Aufbauten abgesehen und versucht, sich auf einfachere Art der unliebsamen Folgeerscheinungen aus den Schiffsbewegungen zu entledigen. Bei Schiffen mit langer Brücke wird die starke Obergurtung zumeist in diese verlegt. Sämtliche Konstruktionsteile dieser Brücke werden dementsprechend stärker ausgeführt. An den Frontschotten der Brücke findet die Herunterführung der Verbandteile in das darunter befindliche durchlaufende Deck statt. Die Schotte selbst werden als starke Querstützen ausgeführt und vor- und achteraus durch Längs-Schotte (Diaphragmabeplattung) in die Obergurtung eingelagert. Der Scheergang des durchlaufenden Oberdecks verschießt im Bereich des Aufbaues in den der Brücke. Bei den Schiffen der Imperatorklasse ist man mit der Obergurtung noch ein Deck höher gegangen und hat den Stringer in kurzer Kurve in die unteren Verbandteile überführt. Ansätze dieser Konstruktionsart finden wir bei Quarterdeckschiffen, (Abb. 29) bei welchen die Verbandteile des Hauptdecks in das erhöhte Quarterdeck überführt werden. Die Vorschriften der Klassifikationsgesellschaften tragen dieser Bauart Rechnung, indem sie bei Verlegung der stärkeren Konstruktionsteile in die Brücke oder eines andern Aufbaudeck für Bemessung der Gesamtkonstruktionsteile Erleichterungen gewähren.

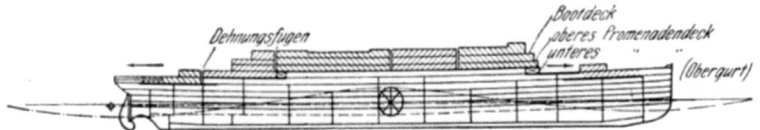

Abb. 30. Entspannte Aufbauten durch Dehnungsfugen (Imperatorklasse).

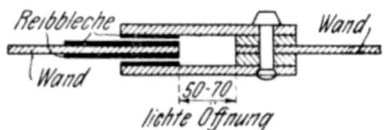

Abb 31. Schiebetasche in den Längswänden der Aufbauten.

Die Aufbauten im mittleren Teil der Passagierschiffe erstrecken sich meistens über $1/2$ der Gesamtlänge, 100 m und mehr sind nicht selten. Diese hohen, über der festen Gurtung stehenden Aufbauten werden nun aus dem Längsverband herausgenommen, indem man sie parallel zur Querschiffsebene durchschneidet, sämtliche Längsverbände im Bereich des Aufbaues werden in einer Spantebene gewissermaßen stumpf unterbrochen (Abb. 30). Die Aufbauten sind unterteilt, jedwede Zusammenhangskraft ist ausgeschaltet. Jeder Teil bildet als Konstruktion ein Ganzes für sich. Den Teilen wird die Möglichkeit gegeben, bei Arbeiten des Schiffkörpers sich gegenseitig zu verschieben, also durch Ausweichen eine schädliche Beeinflussung auf die Verbandteile zu vermeiden. — Die Aufbauten werden durch diese Anordnung von dem großen durch Wellengang oder sonstwie beim Stapellauf oder Docken erzeugten Spannungen dann nur im schwachen Maße berührt, andererseits werden die sich wellenartig fortpflanzenden Erzitterungen an den Durchschnittstellen unterbunden. Diese Einschnitte wandte man zuerst bei freistehenden

Decks an und nannte sie: Deckfalten oder -fugen und verzichtete auf durchgehende Deckhäuser und Wohneinrichtungen. Später wurden die Deckhäuser ohne Rücksicht auf die Deckfalte eingerichtet; sämtliche eisernen und hölzernen Längswände wurden durchschnitten und durch eine verschiebbare Tasche, nach Art der Schiebetüren (Abb. 31) geschlossen. Während die großen Hapag- und Lloydschiffe, wie »George Washington« und »Berlin«, nur eine Expansionsfuge in der oberen Decke erhielten, machte man bei den großen englischen Schiffen wie:

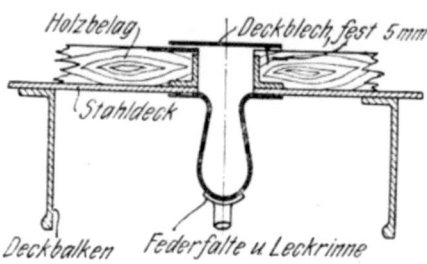

Abb. 32. Dehnungsfuge im Deck mit Feder.

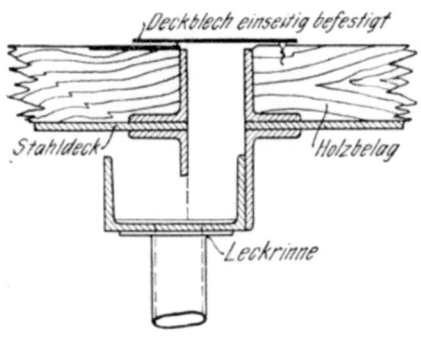

Abb. 33. Dehnungsfuge im Deck ohne Feder.

»Carmania«, »Mauritania«, »Olympic« und »Titanic« (†) und auf den deutschen Schiffen wie: »Kap Finisterre«, »Kap Trafalgar« (†), »Kap Polonio«, »Imperator«, »Vaterland«, »Bismarck« »Kolombus« und »Monte Sarmiento« ausgiebigen Gebrauch. Es wurden 2, 3 bzw. 4 Schnitte durchgelegt, die entsprechend der größeren Höhe und mehrfachen Zahl der übergelagerten leichten Decks an Tiefe zunahmen. Mit der sich steigernden Tiefe wächst naturgemäß die Schwierigkeit, die Fugen in schiffmäßiger und den bordmäßigen Verhältnissen angepaßter, sachgemäßer Weise durchzuführen. Vor allem sind die innenliegenden und die unter den Fugen befindlichen Räume vor eindringendem Spritz- oder Regenwasser, vor Luftzug, Sand und Staub zu schützen. Man ist dem Wesen nach zu zwei Hauptausführungen gekommen.

In dem einen Fall (Abb. 32) ist unter die Deckfuge eine gebogene, federnde Platte aus weichem, dehnbarem Material gesetzt, die den Schiffs- spannungen nachgibt und daneben als Rinnsal dient, indem sie das durch die Fuge sickernde Wasser auffängt und mit der Decksbucht nach den Bordseiten hin in die Speigaten und Rinnsteine abführt. In dem anderen Fall (Abb. 33) ist auf die Federung verzichtet. Eine breite Rinne, die längs der einen Seite der Deckfuge befestigt ist, fängt das Leckwasser der Fuge auf; die einseitige Befestigung ermöglicht ein freies

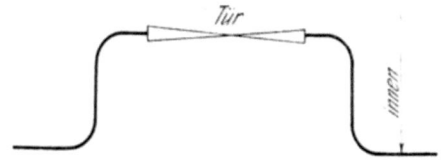

Abb. 34. Deckhaus-Federnische.

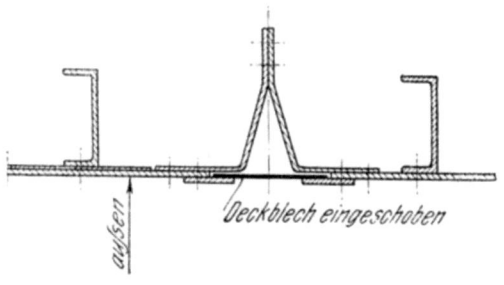

Abb. 35. Federstück in hohen Deckhauswänden.

Bewegen der Rinne während des Arbeitens und gegenseitigen Ver- schiebens der getrennten Teile. Die Ableitung des Wassers erfolgt ebenfalls wie bei der ersten Art durch Speigaten und Rinnsteine.*)

Mit der Einführung von Einschnitten hat man sich aber nicht be- gnügt. Die Längsfestigkeit der Aufbauten machte man ferner von der Längsfestigkeit des Schiffes unabhängig, indem man innerhalb der ein- zelnen Aufbauteile in den Vertikalwänden federnde Zwischenstücke (Nischen mit runden Ecken u. a.) einfügte (Abb. 34, 35) oder durch ab- geschlossene, stützenlose bzw. stützenarme Hallenkonstruktionen Freiheit der Bewegung sicherte (Abb. 61 a, b u. c).

*) Die Ausführung auf »Vaterland« und »Bismarck« ist besonders gelungen und hat bei Übergabe die Beachtung der Engländer gefunden.

Unterhalb der Fugen und bei den Überführungen an den Enden ist auf eine gute Vernietung zu achten. Scheergang und Stringer werden zumeist hydraulisch genietet.

III. **Wirtschaftsfragen.** Die Schiffahrtstechnik und vor allem der Handelschiffbau ist ein Instrument, das den volkswirtschaftlichen Zusammenhängen der internationalen Schiffahrt Rechnung tragen muß. Darum sind Schiffe, wenn sie wirtschaftlichen Zwecken dienen, abgesehen von dem technisch verzwickten Körper, im Vergleich zu Bauwerken wie Brücken und Häusern, die auf heimatlichen Boden verankert sind, Bauwerke, die der internationalen Beurteilung unterliegen.*)

Jede Einmischung einzelstaatlicher Behörden auf dem Gebiete der internationalen Schiffahrt ist absolut vom Übel. Es kommt für die Klassifikationsgesellschaften darauf an, sich den Gedanken der Selbstverwaltung zu erhalten, der jede bürokratische Erschwerung vermeidet.

Im Kriegsschiffbau liegt die Sache nach dieser Seite hin einfacher. Das Kriegsschiff steht unter nationaler Hoheit, der Führer ist gegenüber Schiff und Besatzung nur seiner Nation verantwortlich. Hier kann alles, einschließlich der Konstruktionsbedingungen, einem eigenen Gesichtspunkte untergeordnet werden. Gewähr ist aber auch hier nicht geboten, nun gerade den fortschrittlichsten Gedanken in technischem Sinne zur Durchführung oder Geltung zu bringen. Gegenüber ortsfesten Bauten steht die rechnerisch konstruktive Behandlung des Schiffskörpers jedenfalls auf einer anderen Basis. Der Charakter des Baugrundes gestaltet die Sache für den Konstrukteur, auch wenn er heute rechnender Ingenieur ist, immer problematisch. Im Kriegsschiffbau ist der Einheitsgedanke der Gedanke erster Ordnung, im Handelsschiffbau steht die Wirtschaftlichkeit im Vordergrunde; die Technik als Selbstzweck kommt in beiden Fällen erst an zweiter Stelle.

Der Kriegsschiffbau hat sich mit Hilfe der natürlichen, zahlreichen großen Längs- und Querträger (Zellensystem = Torpedoschotte, Wallgänge, Bunkerwände, Querschotte) immerhin rechnungsmäßig faßbare Konstruktionen schaffen können. Die vielen Zwischenschotten und Zellenwände konnten zu einem System von Stützwänden vereinigt werden und sich in die Gesamtfestigkeit eingliedern; Zwischenträger konnten eingehängt werden, die für die lokale Festigkeit eine gute Feldverteilung ermöglichten. Der Handelschiffbau mit seiner Forderung nach hohen weiten Räumen führte zu einem weit gespannten Kastenträger, dessen Stege von den Seitenwänden der Außenhaut gebildet werden, — während Stützenreihen und Unterzüge dem Innern die nötige Verankerung für eine tragfähige Verbindung der oberen und unteren Gurtung geben.

---

*) Die Frage der Schiffsvermessung zeigt dies in vollem Umfang.

Eine gewisse Gleichförmigkeit der Materialstärken auch im Bereich der neutralen Faser ist bedingt durch die hier auftretenden Schubbeanspruchungen in den Nietverbindungen. Im übrigen fußen die Entwürfe auf Annahmen, die notwendigerweise aus den dargelegten Gründen Ungenauigkeiten in sich bergen und die infolgedessen ein feineres Verfahren für die spätere Rechnung nicht rechtfertigen. Nur in Verbindung mit dem Versuch und der systematisch ausgewerteten praktischen Erfahrung kann man zu rechnungsmäßigen Annäherungen kommen, die zum Fortschritt führen. (Vergl.: von Bach: Elastizität und Festigkeit, in bezug auf eingespannte rechteckige Platten) (Abb. 4).

Die Form der Klassifizierung durch die Klassifikationsgesellschaften kommt diesen Grundforderungen am besten nach, der privatbehördliche Charakter in seiner Wirtschaftlichkeit dient dabei auch am besten der internationalen Schiffahrt. Die periodische Ausgabe der Bauschriften ist die Grundlage für eine **„Systematik"** im Schiffbau, die allein Gewähr bietet, Fehlkonstruktionen zu vermeiden.

c) Eisenschiffbau.

Während im vorstehenden Abschnitt über die Klassifikation die Grundbedingungen für den Eisenschiffbau erörtert sind, soll hier nun noch einiges über die praktische Handhabung der Bauweise gesagt werden.

Der Schiffbau war bisher daran gewöhnt, die Gebrauchslängen für das Walzmaterial dem lokalen Bedarf der einzelnen Schifftypen anzupassen. Erst die Viellochmaschinen und Paketbohrmaschinen brachten eine gewisse Ordnung vor allem in die Breiten der Bleche. Die sog. Skizzenplatten spielten aber für Tankbodenstücke, Kimmstützplatten, Doppelboden, Schotten und Decks immer noch eine große Rolle. Wenn man auch im allgemeinen bestrebt ist, die Profileisen in Längen von 12 und 16 bzw. 18 Metern zu bestellen, so hält man bei Balken- und Spantbestellungen peinlich an Bestellung der einzelnen Gebrauchslängen fest, in dem Gedanken, ein zuviel von Abfalleisen zu vermeiden. Auch der Umstand, daß die Walzstraßen der Werke verschiedene Längen haben, und viele dieser Werke nicht gern ausschließlich an eine feste Länge gebunden sein wollen, um ihrerseits nicht schon mit Abfall rechnen zu müssen, führt dazu, daß ein Spielraum von Gebrauchslängen für das einzelne Schiff bestehen bleiben muß.

Auf das Ganze gesehen, hat man sich bisher besonders beim Walzen von **Grobblechen** auf einheitliche Größenbildungen nur in beschränktem Maße eingestellt. Neuerdings sind aber Bestrebungen im Gange, die auch auf diesem Gebiet zur Vereinheitlichung führen. Es ist im Allgemeinen so, daß die Skizzenplatte auch noch auf der Werft beschnitten bzw. bearbeitet werden muß. Darum ist es zweckmäßig, diese Mehrarbeit, welche die Walzwerke durch die Herstellung dieser Platten haben, zu sparen, indem man dafür volle rechteckig oder nur einseitig beschnittene Bleche zur Bestellung herausgibt.

Durch diese Maßnahmen erreicht man, daß Bleche der verschiedensten Gruppen- und Konstruktionsteile, soweit sie gleiche Dicke besitzen, auswechselbar sind. Man kann auch bei dem modernen Schneidverfahren die kleineren Stücke aus den großen Blechen ohne viel Verschnitt heraustrennen oder aber größere Abfallstücke beinahe restlos für kleine Konstruktionsteile wie Kniebleche und Doppelungen aufteilen. Die verschiedenen Spantentfernungen der Schiffe bieten darum auch praktisch kein Hindernis, sich auf Einheitslängen festzulegen. Man schneidet in den Fällen, wo ein Plattenstoß mit einem Spantbalken oder einer Versteifung zufällig zusammenfällt entweder soviel von dem Blech ab, als die Vernietung es erfordert, oder aber man schneidet aus den vorhandenen Normallängen neue, der Spantentfernung angepaßte Einheitslängen mit solchen Abfallstücken, die anderweitig als Kniebleche und ähnliche kleine Konstruktionsteile Verwendung finden können. Endlich aber kann man bei feststehenden Spantentfernungen von mehreren Schwesterschiffen eine Plattenlänge von 9, 11 oder 13 Spantentfernungen als Einheitslänge einsetzen. Es ist ratsam, Plattenlängen in ungeraden Spanten anzuordnen, denn dadurch kann der von den Klassifikationsgesellschaften Germ. Lloyd u. a. auf 2 Spantentfernungen angegebene Verschuß der Stöße in den einzelnen Gängen zweckmäßiger und leichter durchgeführt werden.

Es wird auch durch Zusammenlegung von Knieblechen und schmalen Plattenstreifen die Bestellung von Normalgrößen durchgeführt. Doch ist eine restlose Aufteilung in Normalplatten nicht zweckmäßig; denn die Walzwerke haben aus oben angeführten Gründen auch andere Abmessungen für den Schiffbau zu liefern und arbeiten wie eingangs erwähnt insbesondere bei Schrägplatten selbst mit großem Verschnitt, den sie bei Aufgabe kleiner Plattenmodelle, wie bei Knieblechen gut ausnutzen können.

Die ungleichschenkeligen Profilstahle sind auf gangbare Sorten beschränkt worden. Ebenfalls hat man das Abwalzen von U-Stahlen usw. auf das geringste Maß gebracht, während man die gleichschenkeligen Winkel bisher noch in allen Breiten nach der Normalliste liefert. Es ergibt sich für die einzelnen Nietdurchmesser eine Schenkelbreite nach folgender Tabelle:

Niet $\varnothing$	einreihig	Zickzack
10	40	65
13	50	90
16	65	100—110

Niet ⌀	einreihig	Zickzack
19	75	120—130
22	90	150
25	100	160—170
28	110	180
31	120	200

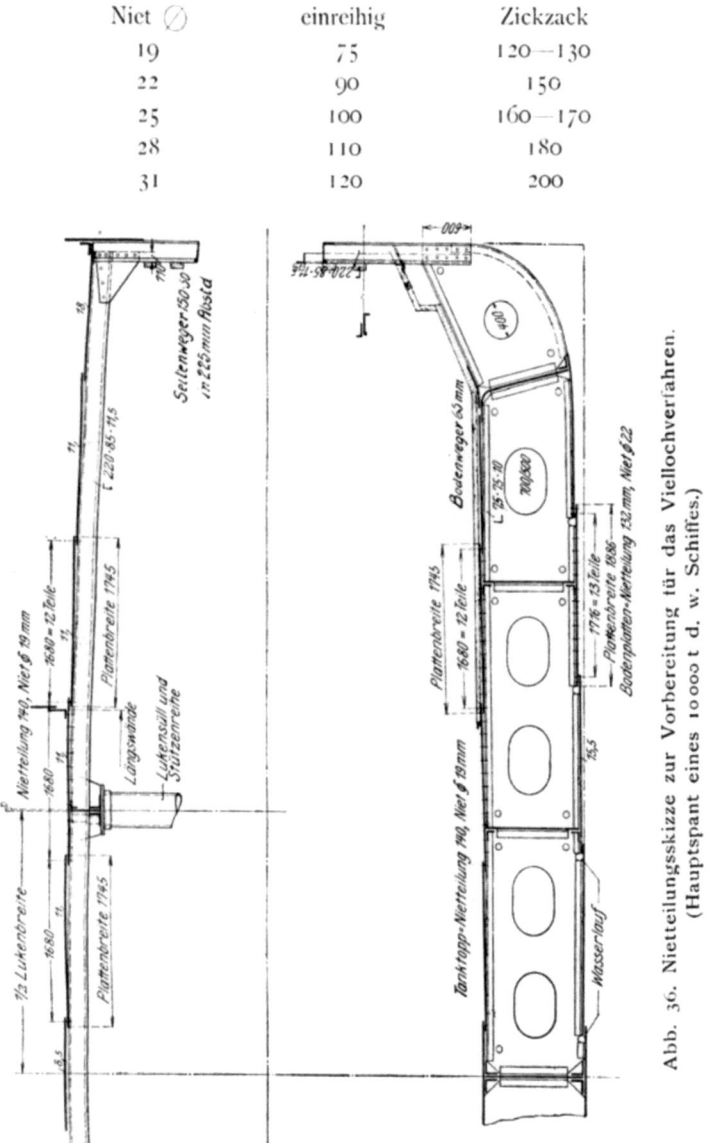

Abb. 36. Nietteilungsskizze zur Vorbereitung für das Viellochverfahren. (Hauptspant eines 10000 t d. w. Schiffes.)

Das heißt: Winkeleisen von 40, 50, 65, 75, 90, 100, 110, 120, 130, 150, 160, 180 und 200 mm Schenkelbreite sind für den Schiffbau ausreichend als Verbindungs- und Eckwinkel. Man hat auch hier die Dicken in Abstufungen von halben Millimetern wie bei den Blechen üblich nach Möglichkeit bestehen lassen, um einigermaßen die nach den Vorschriften des Germanischen Lloyd erlaubten Verringerungen für Schiffe mit erhöhtem Freibord ausnutzen zu können.

4*

Nun gibt es im Schiffbau Konstruktionsteile wie Platten für Flach- und Mittelkiel, Bodenstücke, Stringer, die von den Größenverhältnissen und dem Verwendungszweck der Schiffe abhängig sind und in ihren Abmessungen zumeist den Normalgrößen nicht eingeordnet werden können. Für alle diese Teile fällt die Bearbeitung mit der Viellochmaschine fort. Beim Beplatten von großen ebenen Flächen wie **Doppelboden**, **Decks**, **Außenhaut** und **Schotten** können aber Normalabmessungen in großem Umfange eingeführt werden. Aus den beigefügten Querschnitten von Doppelboden und Deck ist zu ersehen, in welcher Weise Platten gleicher Breite nach einheitlicher Nietteilung angeordnet werden können. Für Doppelboden- und Deckplatten ist in diesem Fall, 7—11 mm Dicke und einreihige Nietung vorausgesetzt, 1750 mm Breite gewählt. Für die Bodenplatten der Außenhaut erhält man bei 14—16 mm Dicke 132 mm Nietteilung und doppelt genieteten Nähten eine Einheitsbreite von rund 1900 mm (Abb. 36).

Baugruppen:

Der Schiffbau steht nach dem Umfang seiner Bestellmengen und der Größe seiner Bestellgewichte gegenüber **derjenigen** im Hoch- und Tiefbau unerreicht da. Es ist darum nötig, schon bei der Bestellung eine möglichst eingehende Gliederung nach Baugruppen durchzuführen.

Die Werften gehen in der Gruppenteilung der einzelnen Arbeiten bisher noch verschiedene Wege. Das liegt einmal in der durch den Verwendungszweck bedingten Verschiedenartigkeit der einzelnen Schiffstypen begründet, dann aber auch an den verschiedenen Größenabmessungen der Schiffskörper an sich. Auf die Eigenart der einzelnen Werke ist darum in der Kalkulation und Preisberechnung in vollem Maße Rücksicht zu nehmen. Angestrebt wird in ähnlicher Weise, wie es schon im Kriegschiffbau durchgeführt wurde, dem **Handelschiffbau einheitliche Gruppenteilungen** zu bescheren.

Dem Schiffbauer ist durch eine einheitliche Gruppenführung die Möglichkeit gegeben, für die einzelnen Gruppen genaue Gewichtsunterlagen zu bekommen. Um eine wirtschaftliche Lagerhaltung auch für Neubauten möglich zu machen, ist es besonders bei großen Schiffen gut, an Hand der Gruppenführung festzustellen, wieviel Mengen an gangbaren Profilen und Blechstärken für einzelne Typen nötig sind.

Nachstehend ist nun eine Gruppenteilung für den Eisenschiffbau zusammengestellt, die dem Jahrbuch der Schiffbautechnischen-Gesellschaft entnommen ist.[*]

---

[*] 1922. **Vorschlag des Verfassers.**

Konstruktionsformen des Schiffbaues

Gruppenteilung für Eisenschiffbau = S.

a) Schiffskörper.

Gruppen Nr.	Gegenstand
10—40	Hintersteven, Ruder, Wellenböcke, Vorsteven.
50	Kielkonstruktionen (Mittelkiel, Flachkiel).
60—80	Spantkonstruktionen (außerhalb u. innerhalb des Doppelbodens, Rahmenspant).
90	Doppelboden.
100	Außenhaut (Kimmkiel, Schlingerkiel).
110—150	Wasserdichte bzw. öldichte Querschotte (Untergruppen nach Spant-Nummern).
160	Seitenstringer, Kielschweine.
170—200	Decks (einzeln aufgeführt nach 1. Deck, 2. Deck, Bootsdeck, Promenadendeck).
210	Ladeluken.
220—240	Schächte (Maschinen, Kessel, Luken).
250	Bunkerschotte.
260	Längsschotte.
270—300	Unterzüge.
310	Deckstützen.

b) Einbauten und Häuser.

320	Wellentunnel.
330	Rohrtunnel, Durchgangstunnel.
340	Wellenlagerböcke.
350—380	Fundamente.
390	Einbauten für Seeventile.
400	Ketten und Klüsenrohre.
410	Unterbauten für Poller und Klampen, Davits.
420—440	Pforten und Kohlenschütten.
450	Leuchttürme.
460	Wellenbrecher.
470	Masten, Maststühle, Ladepfosten, Mast-Rotoren (Flettner).
480—500	Leichte Schotte, Häuser, Kammerwände.
510—530	Einsteige-, Luft-Schächte, Aufzüge.
540	Frischwasser- und Ölbehälter (nicht fest eingebaut).
550	Schanzkleid.
560	Kommandobrücke.
570	Niedergangskappen.
580	Schlingerdämpfung.
590	Schwimmbad.
600	Dehnungsfugen.

Die Gruppen sind nach Nummern geordnet. Es ist nicht fortlaufend numeriert, sondern je nach Größe und Umfang der Gruppe. Zwecks Einfügung von Untergruppen ist jedesmal ein Zahlenkomplex vorgesehen, damit später Sonderkonstruktionen ohne Schwierigkeiten in die Hauptgruppen eingereiht werden können.

Die Gruppen 10 bis einschließlich 310 umfassen den eigentlichen Schiffskörper, die Gruppen 320—600 die Einbauten und leichten Häuser.

Das Gesamtbruttogewicht der Schiff-Materialbestellung ist nach Profilen und Platten gesondert zusammenzustellen. Die Profile sind für die Gegenüberstellung wieder in Unterabteilungen a) Gleichschenkelige, b) Ungleichschenkelige, c) Bulbstähle zu bringen.

Materiallisten auf den Arbeitszeichnungen: Für die Ausarbeitung der Arbeitszeichnungen, bei welchen in ausgedehntem Maße Einheitsgrössen von Profilen und Platten zur Anwendung kommen, sind allgemeine Richtlinien zu beachten. Besonders ist auf eine übersichtliche Materialliste Wert zu legen. Aus ihr muß hervorgehen, in welcher Weise das aus dem Bestellbuch oder vom Lager genommene Material zur Verwendung kommt, damit man in der Lage ist, festzustellen, wieviel Gewicht nun für die einzelne Arbeit endgültig verbraucht wird. Diese Materialliste kann dann auch wertvolle Anhaltspunkte bei der Bestellung von Schwesterschiffen geben (s. Schema.)

Auf Grund der Zeichnung ist eine im Schema ersichtliche Marken- und Stückliste angefertigt, Gebrauchs- und Gesamtlängen der gleichartigen Profile sind aufgeführt und die Gewichte dafür eingetragen. Daneben ist das zur Verfügung stehende Material lt. Bestell- oder Lagerliste aufgeführt und zum Nachprüfen auf die Bestellbücher und Blattseite verwiesen. Allgemein wird in der Stückliste fortlaufend numeriert, nur Spanten und Deckbalken erhalten der besseren Übersicht wegen die Nummer der Spanten.

Mit den Platten ist in ähnlicher Weise verfahren. Man führt bei der Bestellung von vornherein zur besseren Kennzeichnung die Gebrauchsmarke und Gruppennummer ein, insbesondere zur Vermeidung von Verwechslungen der Platten-Dicken. Bei der großen Zahl gleichförmiger Platten ist es ratsam, in der Stückliste jede Platte mit einer besonderen Nummer zu versehen und nur Platten zur andern Hand (B. B. — St. B.) mit derselben Zahl zu kennzeichnen. Durch das Herausschreiben der Materialabmessungen in diese besondere Liste gewinnt die Werkstattzeichnung an Übersicht. Es genügt, in der Zeichnung selbst nur die Nummer, höchstens bei Platten die Dicke und bei Profilen die Schenkelbreiten hinzuzufügen.

Konstruktive Vereinfachungen: Der Schiffbau hat naturgemäß mit viel Glühofen- und Schmiedefeuerarbeit zu tun. Der hohen Heizmaterialkosten wegen hat man diese Arbeit neuerdings auf das

Konstruktionsformen des Schiffbaues

Schema für Materiallisten auf den Werkstattzeichnungen.

Profile für 1 Schiff.

Stückliste.

Marke	Nr.	Stück	Gebrauchs-länge mm	Gesamt-länge m	Profil mm	Gesamt-gewicht kg
$\frac{H}{D}$	1	3	10 000	} 91,6	L 120 · 120 · 14	2280
" "	2	2	8 100			
" "	3	2	10 200			
" "	4	2	12 500			
$\frac{H}{W}$	5	2	16 000	} 80,0	L 250 · 90 · 10	2090
" "	6	1	10 000			
" "	7	2	16 000			
" "	8	1	6 000			

Bestelliste.

Oder zu nehmen von:			Bemerkung	Buch	Blatt
Marke	Gruppe Nr.	Nr.	Lauf. m			
500/501	170	11	Aus Normal-längen von: 12 bzw. 16 m	Abfall für kurze Stücke am Mittelkiel verwenden!	1	16
500/501	490	10	Aus: 16 m Normallänge	Grundwinkel für Häuser	1	17

Bleche für 1 Schiff.

Stückliste.

Marke	Nr.	Stück	Abmessungen $L \cdot B \cdot D$ mm	Gesamt-gewicht kg
$\frac{H}{D} \cdot B$	1	2	9000 · 1750 · 11	2760
" "	2	2	9000 · 1750 · 11	2760
" "	3	2	9000 · 1750 · 11	2760
" "	4	2	9000 · 1750 · 11	2760
" "	5	2	9000 · 1750 · 11	2760
$\frac{H}{D} \cdot C$	1	2	9000 · 1750 · 11	2760
" "	2	2	9000 · 1750 · 11	2760
" "	3	2	9000 · 1750 · 11	2760

Bestelliste.

Oder zu nehmen von:			Abmessungen (Bemerkungen) mm	Buch	Blatt
Marke	Gruppe Nr.	Nr.	Stück			
$\frac{H}{D} \cdot B$	170	1	10		1	14
$\frac{H}{D} \cdot C$	170	1	6		1	15

Notwendigste beschränkt. Um Winkeldichtungen und Kröpfungen an wasserdichten Decks bezw. Schotten u. a. zu vermeiden, setzt man Konstruktionsteile, die früher durchgeführt wurden, wie Spanten, Versteifungen und Stringer durch Kniestücke ab (s. Abb. 37). Ferner führt man die schweren Spantprofile nicht mehr über die runde Kimm, sondern vernietet sie, wie die Skizzen zeigen, im geraden Teil mit der Kimmstützplatte bezw. Bodenwrange und setzt entweder einfach stumpf dagegen einen einfachen, gleichschenkeligen Winkel von der Abmessung der Tankspanten oder legt den Winkel (Abb. 39) auf die andere Seite

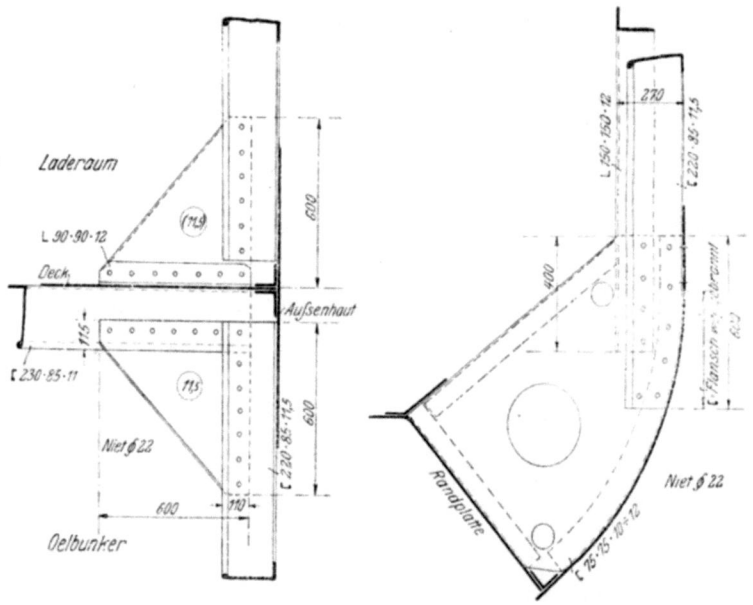

Abb. 37. Abgesetzte Versteifungen (Spanten) keine geschmiedeten Winkel!

Abb. 39. Spant und Gegenspant ohne Glühofenarbeit.

der Kimmstützplatte. Man verzichtet auf eine Stoßverbindung, da die hohe Stützplatte und die Außenhaut die Schnittstelle genügend ausgleichen. Aus diesem Grunde hat man auch in einzelnen Fällen auf die Kröpfungen der Tankspanten über die Längsnähte der Aussenhaut keinen Wert gelegt und einfach die Winkelstücke bei den Landungen in der Weise stumpf abgesetzt, daß gleichzeitig für den Wasserlauf Platz geschaffen wurde* (s. Abb. 36). Auch sonst ist es neuerdings gestattet, bei einwandfreiem Verschießen der Winkelstöße an hohen Plattenträgern die

---

*) In diesen Fällen sind die entstandenen Schwächen im Querverband an Stellen, wo Stützen und Rahmenspanten angeordnet sind, auszugleichen.

sonst üblichen Winkellaschen fortzulassen. Diese Maßnahmen erleichtern die Verwendung kurzer Winkelstücke und ermöglichen damit die nahezu restlose Aufteilung der in Normallängen gelieferten Profile.

Ferner ist unbedingt auf Einhaltung einheitlicher Nietteilung zu achten, damit das Viellochverfahren weitgehend zur Anwendung kommen kann. Man tut gut, bei großen Flächennietungen die Nietteilungen an das größte zulässig vorgeschriebene Maß zu bringen, um die zu leistende Nietarbeit auf ein Minimum zu beschränken. In dieser Beziehung kann man bei allen Wänden, soweit keine Rücksichten auf Wasser, Öl oder Festigkeit zu nehmen sind, noch manche Ersparnisse machen.

Allerdings gehen die Vorschriften der Klassifikationsgesellschaften manchmal in bezug auf die Nietteilung nicht ganz dieselben Wege, so

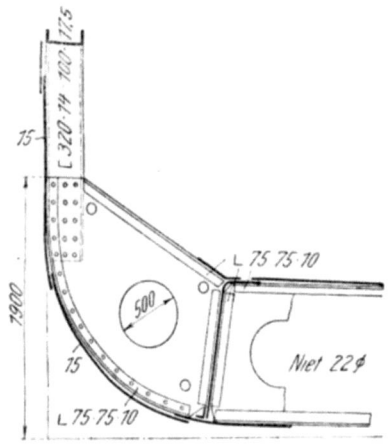
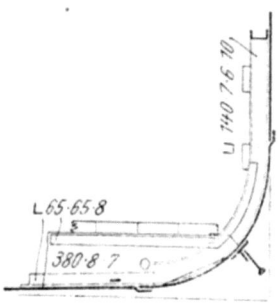

Abb. 38 a. Spant ohne Glühofenarbeit.

Abb. 38 b. Spant mit gejoggelten Platten.

daß in einigen Fällen, um allen Teilen gerecht zu werden, immer der schärferen Vorschrift gefolgt werden muß. Es läßt sich auch hier durch Vereinbarung unter den Klassifikationsgesellschaften noch manches auf gemeinsame Basis stellen. Immerhin ist wie gesagt bei der Vernietung leichter eiserner Wände bezw. Schotte und leichter Aufbauten ein freies Feld für die Ausnutzung weiter Nietteilungen vorhanden.

An dieser Stelle mag kurz darauf hingewiesen werden, daß die modernen Schweißverfahren als Ersatz für Nietungen auch im Schiffbau Eingang finden. Besonders gewinnt die elektrische Lichtbogenschweißung immer mehr an Feld. Es liegt auf der Hand, daß eine sachgemäße Schweißung zweier zu verbindender Teile nahezu einer vollkommenen Verbindung gleichkommt, während die Festigkeit einer Nietverbindung im Durchschnitt etwa nur 70% des vollen Materialquerschnitts ausmacht. Bisher ist aber die Schweißarbeit nicht in dem Maße auf den ersten Hieb sicher gestellt wie die Nietarbeit. Man kann also die Ausführung von Festigkeits- und Dichtigkeitschweißungen nur zuverlässigen und geübten Personen anvertrauen. Hier liegt noch ein großes Stück Erziehungsarbeit an dem gewerblichen Nachwuchs vor. Die Bleche sind stumpf aneinander zu setzen und nach der Schweißseite hin für die Einführung des Schweißmaterials \/ artig abzuschrägen. Stärken unter 3 mm zu schweißen ist nicht ratsam. Sichtbare Vorteile sind einstweilen dort zu erzielen, wo man Eck- und Stegverbindungen auf dem Plan (Kopfschweißung) in einwandfreier Weise herstellen kann und für Spezialarbeiten eine ausreichende Zahl von tüchtigen Schweißern vorhanden ist.

In großem Umfang ist auch im Schiffbau die Fertigstellung der Arbeitsstücke nach Schnürbodenriß in der Werkstätte eingeführt. Damit ist die frühere Methode der Schablonenanfertigung auf der Helling zum großen Teil verdrängt. Hier ist ein Gebiet im Schiffbau, auf dem die darstellende Geometrie praktisch weite Verwertung gefunden hat. Es ist erstrebenswert, auch hier die Arbeitsmethodik auf allgemeine Richtlinien zu stellen, damit die Betriebsleitungen noch mehr als bisher Nutzen ziehen können. Die Verwertung der Schmiegentabelle, des Schmiegenbockes (Reißbock Abb. 40) und der Schmiegenschablone ermöglicht das Zusammenstellen der Arbeitsstücke und Konstruktionsteile wie Außenhaut und Decks bis weit in die Enden des Schiffes ohne Zuhilfenahme der früher allgemein üblichen Centen und Klammern.

Allerdings wurde schon früher durch Auslegen der Platten von Decks und Schotten, also von ebenen Plattenflächen, deren Nahtstreifen parallel oder im Winkel von 90° zu den Aussteifungen (Balken oder sonstige Träger) laufen, das Anfertigen von Bordschablonen vermieden. Auch hat man hie und da besonders im Kriegschiffbau nach Aufmaßen des Schnürbodens für leicht gekrümmte Platten Holzschablonen angefertigt. Das machte aber jedesmal umständliche Hilfskonstruktionen in Holz und kostspielige Schnürbodenschablonen nötig. Neuerdings hat man nun durch ein verstellbares Gerüst die Möglichkeit gewonnen, Platten, die schräg über ihre Versteifungen laufen und in der Längsrichtung wie auch quer leicht gekrümmt sind, anzureißen und ohne Bordschablonen paßrecht herzustellen. Der für solche Arbeiten konstruierte Bock hat einen rechteckigen Querschnitt. An den Längsseiten sind auf und nieder verschiebbare Träger in Spt. oder Versteifungsentfernung vorhanden. Mit Hilfe eines Rahmens, der die gleiche Größe des Querschnittes vom Arbeitsbock hat, werden vom Schnürbodenriß des Schiffes die einzelnen Schrägungen der Spanten bezw. Versteifungen an den auf und nieder stehenden Trägern übertragen. Die Schräglage der betreffenden Platte wird ferner durch verschraubbare Balken an den eingestellten Spanten festgehalten. Die anzuzeichnende Platte wird nunmehr schnurrecht auf die festgestellten Balken angeklammert, um gegenüber ihren Aussteifungen, angrenzenden Platten u. a. die Lage wie später im Schiff zu erhalten. Von der Schnurlinie aus werden dann die Plattenbreiten nach links und rechts

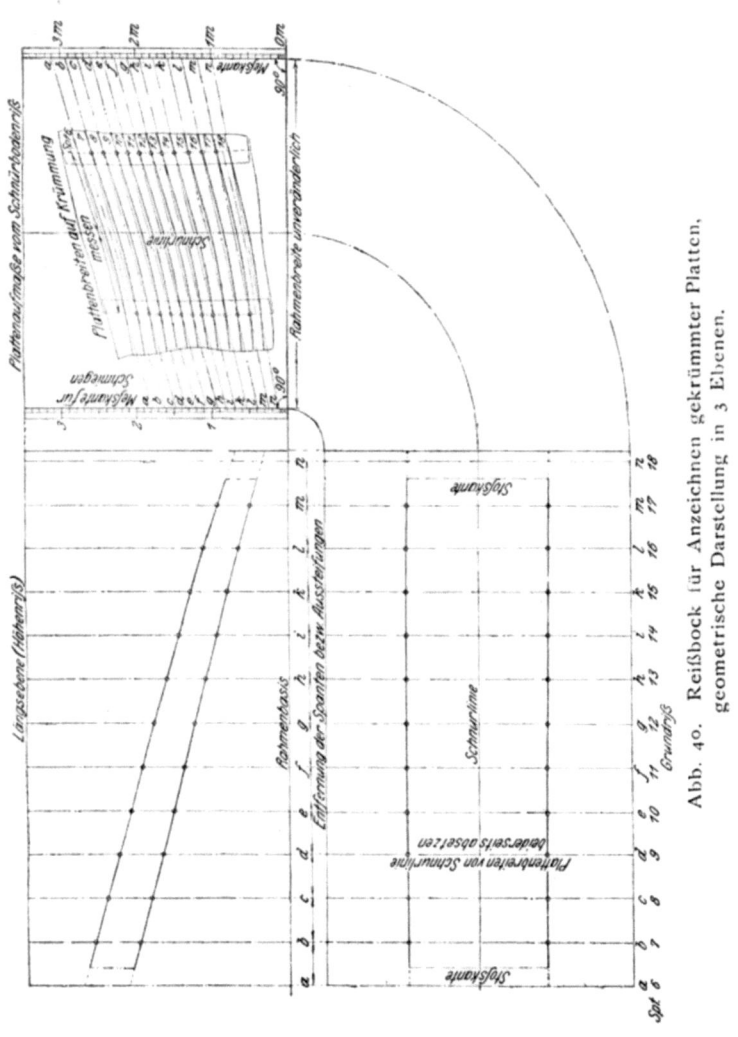

Abb. 40. Reißbock für Anzeichnen gekrümmter Platten, geometrische Darstellung in 3 Ebenen.

abgesetzt. Die nun nach Ausdehnung und Lage festgelegte Platte, kann jetzt mit Hilfe der Normallochlatten für Stöße und Landungen bezw. für Spanten und Stringer angezeichnet werden (Abb. 40). Anliegende Gänge der Außenhaut können auf diese Weise, nahezu über die ganze Schiffslänge ohne Bordschablone vorher in der Werkstatt fertig gestellt werden.

Die Abwickelarbeit des Schnürbodens für die Herstellung gekrümmter Platten ohne Bordschablone ist teilweise gut durchgebildet; man kann hier sehr weit kommen, wenn man die Schiffsform aus Flächen zusammenstellt, die in der Hauptsache nur einseitig gekrümmt sind (scharfe Kimm, große Boden- u. Seitenflächen). Es ist gelungen, große Schiffsteile im Binnenlande schon auf den Walzwerken montagefähig vorzubereiten. Bei serienweiser Herstellung kann man sogar nach einem Modellschiff die übrigen Schwesterschiffe nahezu restlos ohne Schablone für die Montage vorbereiten. (Lauchhammer — Kahnbau; Gutehoffnungshütte — Großbau).

Durch den Fortfall der zeitraubenden und kostspieligen Zimmermannsarbeit wird damit auf der Helling die Montage vereinfacht und die Bauzeit verkürzt.

Es erübrigt sich, etwa an Hand der Baugruppen die Konstruktionsteile einzeln durchzusprechen, nachdem die Klassifikationsgesellschaften durch die Herausgabe ihrer Bauvorschriften klare unzweideutige Bestimmungen über die Ausführungen getroffen haben. Eine Beschreibung der Einzelkonstruktionsteile dagegen führt zu weit ab. Das Wesentliche ist schon gesagt. Es ist aber angebracht, noch einige Sonderheiten für die Konstruktionsbedingungen festzuhalten, die vom Standpunkt des praktisch Möglichen aufzustellen sind.

Der vielumstrittene Doppelboden mit seiner Materialanhäufung ist schon heute ein nicht zu entbehrender Konstruktionsteil geworden. Auch das vielfach beanstandete Kniestück bietet im Eisenschiffbau ein willkommenes Mittel, den zusammengesetzten Beanspruchungen, die bei Verdrehungsbewegungen des ganzen Körpers im Seegang auftreten oder durch Vibration und Erschütterungen erzeugt werden, ausgleichend entgegen zu wirken. Man kann das Kniestück nicht als Einzelkonstruktionsteil, sondern muß es in seiner Vielheit betrachten; es hat in dem von Steg und Flansch gebildeten Winkel (Außenhaut — Deck, Schott — Deck u. a.) zu den Hauptkonstruktionsteilen gewissermaßen die Funktion der Hohlkehle von einem Träger.

Durch das Bestreben, möglichst große Ladeöffnungen zu schaffen, ist die Vereinheitlichung von Lukenbreiten in Verbindung mit weittragenden Stützenreihen, sowie die Konzentration auf wirksame Rahmenverbände und Erleichterung der Zwischenkonstruktionen, noch nicht abgeschlossen. In der Aufstellung der Ladepfosten und Masten hat man sich von den aus dem Segelschiffbau (Holz) überkommenen Anschauungen frei gemacht und mehr den Ladevorgängen Rechnung getragen. Die Pfosten und auch neuerdings die Masten werden in der Einspannstelle mit dem Deck vernietet und nicht wie früher mit Holz verkeilt. Die Holzverkeilung ist bei hölzernen Masten gerechtfertigt; bei eisernen Masten mit hoher Beanspruchung wegen Eintrocknens der Keile nicht ratsam. Bei den Ladepfosten wird ohne Rücksicht auf etwaige Abstagung dann für die durch die Belastungsverhältnisse sich ergebende Biegungsbeanspruchung das erforderliche Widerstandsmoment in die einzelnen Querschnitte gebracht (Abb. 23a u. 23b). Wenn auch eine Gewichtsvermehrung durch Vergrößerung des Durchmessers, Vermehrung der Plattenstärken oder Anbringen von Profilaussteifungen damit verbunden ist, so steht neben Fortfall der Stage und der damit eingeschlossenen Schmiede- und Taklerarbeit die größere Bewegungsfreiheit der Ladebäume als nicht unterschätzender Vorteil gegenüber.

Der Reihen-, bzw. Einheitsbau von Schiffen kann nur da Erfolge erzielen, wo Massenaufträge (Wiederaufbau — Reparation u. a.) vorliegen. Die Erfahrungen auf diesem Gebiete sind beachtenswert, so hat z. B. das sprunglose Schiff sich einführen können. Bestrebungen, den Eisenbetonbau auch für den Schiffbau nutzbringend zu gestalten, haben nur im Kleinschiffbau zu Ansätzen geführt, die über ein Versuchsstadium bisher nicht hinausgekommen sind.

5. Kapitel.

Einrichtung, Ausrüstung und Instandhaltung.

Durch die Normungsbestrebungen in der deutschen Industrie ist auch der Schiffbau außerordentlich befruchtet worden. Der schon bei dem Bootbau erwähnte Handelsschiff Normen Ausschuß *H. N. A.* hat in mühevoller Arbeit in Verbindung mit einigen Großwerften eine große Anzahl von Normenblättern fertiggestellt und zur allgemeinen Anerkennung gebracht. Nicht nur der Schiffmaschinenbau mit seinen Ausstrahlungen in die verschiedenen Hilfstechniken, sondern auch der reine Schiffbau führt eine stattliche Reihe von Einrichtungs- und Ausrüstungsgegenständen, die mit Vorteil der Normung unterworfen werden konnten. Hierher gehören u. a.: Türen und Mannlochverschlüsse, Poller, Klampen und Klüsen, Lüfter, Seitenfenster, Deckgläser, Deckschrauben, Geländer, Tischler-Schlosserbeschläge und alles an Beschlägen, Scheiben und Rollen, was für Boots- und Ladeeinrichtung nötig ist.

Die voraufgehenden Kapitel zeigten die wesenhaften Züge des neuzeitlichen Schiffskörpers. Der tote Körper muß aber beseelt und mit feinen Nerven ausgerüstet sein. Der neuzeitliche Schiffsbetrieb mit seinen vielseitigen Sicherheitsvorrichtungen bedingt eine sorgfältig durchgeführte Raumeinteilung und zentral geleitete Befehls- und Nachrichtenübermittlungen. Die Verlegung der Leitungen für den Lenz- und Ballastbetrieb, für den Hilfsmaschinen- und Steuerbetrieb, für Licht, Heizung und Lüftung hat planvoll und übersichtlich zu geschehen; an den tiefen Stellen sind zum Messen der Wasserbestände u. s. w. und zum Entlüften in den Tanks und Bilgen die vorgeschriebenen Peil- und Luftrohre anzuordnen. Die Unterkunftsräume für Besatzung und Fahrgäste, die Wirtschafts-, Proviant- und Vorratsräume, die Kommando- und Überwachungsstellen sind zweckmäßig in den ganzen Bau einzugliedern. Halte- und Festmachvorrichtungen für See-, Hafen- und Ladebetrieb, wie auch die Bootsaufstellungen sind so anzuordnen, daß sie gegenseitig reibungslos arbeiten.

Einrichtung, Ausrüstung und Instandhaltung 63

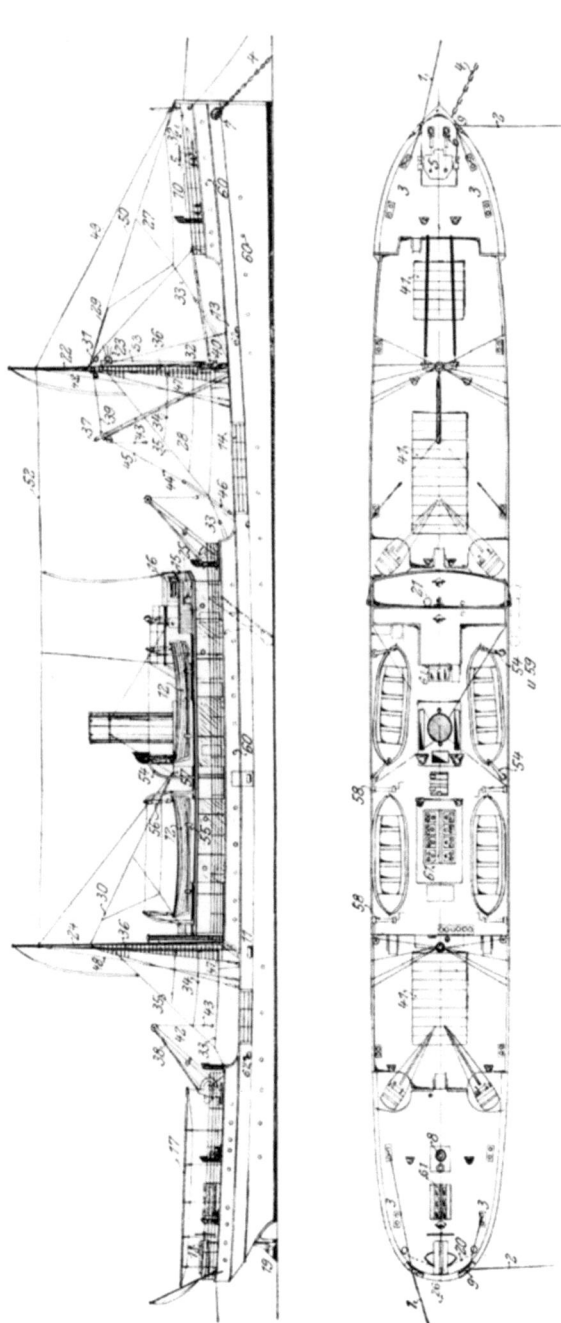

Abb. 41. Takelung und Deckeinrichtung eines Fracht- und Fahrgastschiffes (Argodampfer „Schwan").

Ein normal gehaltenes Schiff in gewöhnlicher Linienfahrt mit Poop, Brücke und Back führt einen Doppelboden und mindestens 4 wasserdichte Querschotte, von denen 2 Vor- und Hinterpiek (Kollisionsschotte) abschließen und die beiden andern den mittschiffs gelegenen Kessel- und Maschinenraum. Dazwischen liegt der vordere, bezw. hintere Laderaum, der dann weiter je nach der Größe durch Schotte unterteilt wird. Jeder Laderaum führt eine Luke, die einerseits von den Pfahlmasten her durch Ladebäume und andererseits durch besondere Ladekräne bedient wird. Für die Bunkerung sind besondere Luken und Pforten eingebaut, ebenso besondere Heißvorrichtungen. Vorn ist die Ankerlichtmaschine aufgestellt, der Dampfsteuerapparat steht entweder auf der Brücke oder unmittelbar hinter dem Maschinenraum auf dem Oberdeck. Auf dem Poopdeck hinten steht meistens ein Spill. Zum Festmachen und Belegen von Trossen werden Doppelpoller und Doppelkreuzpoller mit den erforderlichen Klüsen und Klampen besonders auf dem Vor- und Achterschiff aufgestellt. Die Boote sind oben neben Kessel- und Maschinenschacht angeordnet. (Abb. 41).

Die Aufbauten dienen fast ausschließlich zur Unterbringung der Besatzung und Passagiere. Das Matrosen- und Heizer-Logis befindet sich meistens in der Back und ist mit W. K. und Waschraum verbunden. In der Brücke finden Kapitän, Offiziere und Maschinisten, sowie Köche und Aufwärter Unterkunft. Ebenfalls werden hier die Passagierkammern mit den nötigen Aufenthaltsräumen, Toiletten, Bädern wie auch Küchen und Messen untergebracht. Ferner finden hier die erforderlichen Wasserbehälter (Trink- und Spülwasser) ihre Aufstellung. Werden noch Passagiere II. Klasse gefahren, so wird meistens die Poop dafür hergerichtet, im übrigen findet hier auch der Proviant seine Lagerung.

Die Einrichtung einer Passagierkammer besteht gewöhnlich aus 2 Patentstahldrahtbetten, einem Schlafsofa, Klappwaschtisch, Kleiderschränken, Kleiderhaken, Spiegel. Die Wände sind holzverkleidet und meistens weiß gestrichen. Die Salons sind holzfarben getäfelt oder sonst geschmackvoll verkleidet, farbig gestrichen oder mit Stoffen austapeziert. Die Räume sind heizbar, mit Ventilation und Licht versehen. Eine Lichtdynamo findet im Maschinenraum Aufstellung (110 Volt), Deckwasch- und Feuerlöschleitungen werden meist auf B. B. seite über die ganze Länge verlegt. Axiometerbock mit Drehsinnanzeiger, Maschinentelegraphen und Kompaß finden auf der Brücke Platz.

Die Maschinenanlage führt als Hauptmaschine heute noch meistens eine Dampfmaschine von dreifacher Expansion alt bewährter Konstruktion mit Oberflächenkondensation und Kulissensteuerung. Die Zirkulations-, Speise-, Lenz- und Luftpumpen werden meist vom Balanzier angetrieben. Die Verbindung mit der Wellenleitung geschieht durch Flanschenkupplung. Der Propellerschub wird durch Druckringe übertragen. Der Pro-

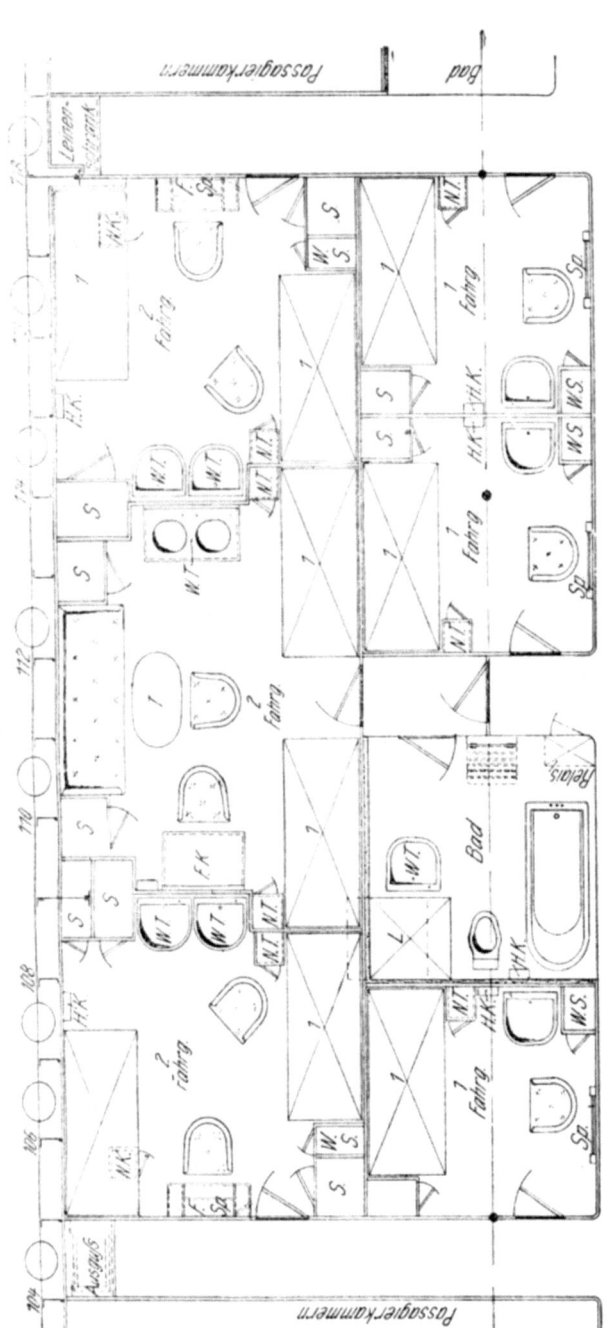

Abb. 42. Kammerblock (Albert Ballin).

peller selbst wird meistens 4 flügelig aus Gußeisen hergestellt. Dampfspeise- und Ballastpumpen sind Duplexpumpen, letztere bedienen auch den Aschejektor. Gute Rohrleitungen werden aus Kupfer gemacht, im Maschinenraum werden sie isoliert. Als Dampferzeuger dienen zumeist Zylinderkessel bewährter Konstruktion, die hin und wieder auch ein besonderes Gebläse erhalten. Die Asche wird durch einen Aschejektor oder durch Aschhievvorrichtungen nach außerbords gebracht.

Aus dieser kurzen Beschreibung eines Schiffstyps kann man die Vielseitigkeit des Schiffsbetriebes erkennen und das Schiffswesen unter allgemeinen Gesichtspunkten nach 5 Hauptgruppen gliedern, welche die praktische Durchführung beeinflussen:

1. Antriebseinrichtungen, 2. Frachteinrichtungen, 3. Wohn- und Wirtschaftseinrichtungen, 4. Betriebs- und Sicherheitseinrichtungen, 5. Instandhaltung.

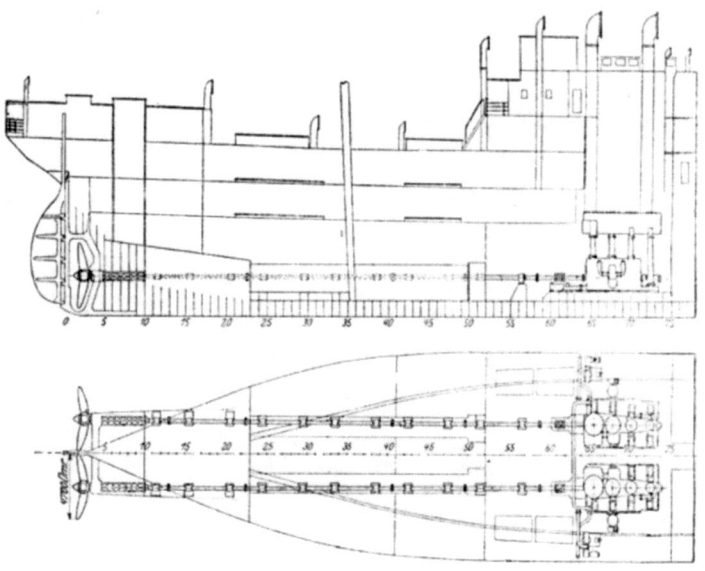

Abb. 43. Maschinenanordnung auf dem Doppelboden und Wellenleitung in Tunneln. (Antriebsleitung.)

1. Antriebseinrichtungen.

Die Frage nach der Art des Antriebs ist heute mehr denn je eine wirtschaftliche Frage. Es gibt außer der alten bewährten Fortbewegung durch die Segel eine Fülle von maschinellen Einrichtungen, die in ihrer verschiedensten Zusammensetzung ein buntes Bild der heute zur Verwendung kommenden Antriebsmittel geben. Die

Dampfmaschine (Kolbenmaschine und Turbine) wird auch in Zukunft neben dem Ölmotor *) Bedeutung und Daseinsberechtigung behalten.

Von den Turbinensystemen hat die Getriebeturbine mit Überhitzung und künstlicher Kesselheizung die größte Wirtschaftlichkeit erlangt (pro i. P. S. und Stunde mittlerer Kohlenverbrauch über See = 0,46 kg). Gleichwertig diesem System ist heute von den Kolbenmaschinen die Doppelverbund-Ventilmaschine mit Überhitzung und künstlicher Kesselheizung. Im Handelsschiffbau ist zur Erzeugung des Dampfes der Zylinderkessel zu hoher Wirtschaftlichkeit entwickelt, große Kesselanlagen führen aber den bei der Kriegsmarine hochentwickelten Wasserrohrkessel. Die Beheizung geschieht entweder durch Kohle oder Öl.

Die Größe des Aktionsradius eines Schiffes wird wesentlich durch die Höhe der Geschwindigkeit bedingt. Wirtschaftliche Geschwindigkeiten für reine Frachtschiffe liegen erfahrungsgemäß zwischen 9 und 12 engl. Seemeilen (1 Knoten = 1853 m) in der Stunde. Hat man die

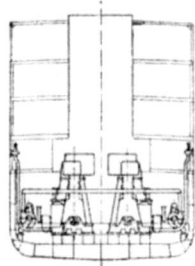

Abb. 43a. Maschinenfundament im Querschnitt.

Geschwindigkeit und die Größe des Schiffes, so kann man aus den benötigten i. PS. den Brennstoffverbrauch für die Stunde ermitteln und für den gewünschten Aktionsradius die Größe der Brennstoffräume bestimmen.

Nun ist der Gesamtraum, welcher von Kessel bezw. Maschinen- und Bunkerräumen eingenommen wird, nicht allein von dem für diese Zwecke tatsächlichen Bedarf abhängig, sondern auch von den vermessungstechnischen Bedingungen, die von den Vermessungsbehörden aufgestellt sind. Die Größe der Räume wird hier nach Prozentregeln, die in einem gewissen Verhältnis zum Gesamtraumgehalt (Brutto) stehen, bewertet. Auf die Vermessungsfrage in diesem Zusammenhang einzugehen erübrigt sich durch das Umstrittensein dieses Problems.**) Es muß unter Beobachtung der Regeln in dem gesetzmäßig gesteckten Rahmen den Erfordernissen des Schiffwesens Rechnung getragen werden.

---

*) Der Ölmotor gewinnt langsam aber sicher an Feld und wird auch für große Anlagen als Maschine der Zukunft angesprochen.
**) Vergl.: Der Aufbau der Handelsflotte und die Vermessungsfrage: Sonderdruck der Zeitschrift «Schiffbau».

68 Einrichtung, Ausrüstung und Instandhaltung

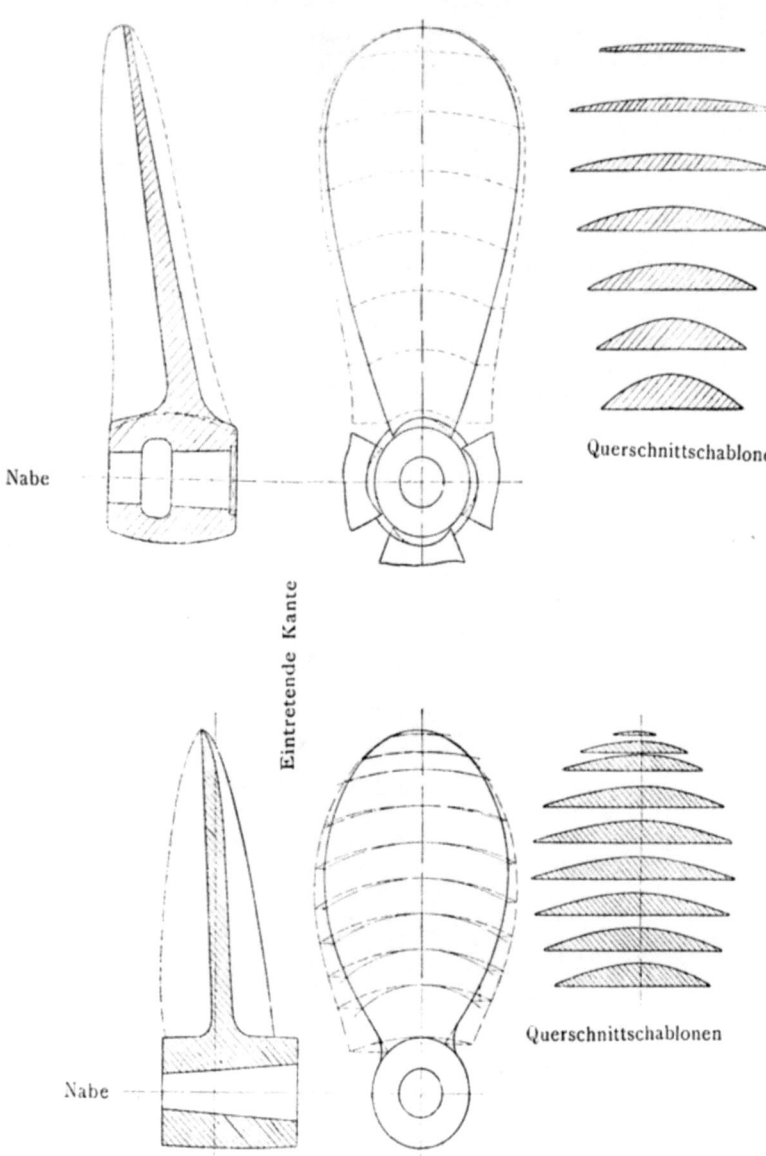

Abb. 44. I. Rechtspropeller. II. Linkspropeller.

Der Einbau der Bunkerschotte für Kohlen ist verhältnismäßig einfach. Bei Ölbunkeranlagen sind die Tanks der Füllhöhe gemäß entsprechend stark zu bauen und möglichst feuersicher anzulegen, Schwitzflüssigkeit ist zur Vermeidung von Verunreinigung des Frachtgutes in die Bilgen gesondert abzuführen. Die Klassifikationsgesellschaften haben auch hier besondere Vorschriften erlassen. Die Fundamentierung der Hauptmaschinen und der Wellenleitung erfolgt entweder direkt auf den Bodenwrangen oder auf besonderen aus Platten und Winkeln bestehenden Bockkonstruktionen. Bei Kolbenmaschinen und Dieselmaschinen ist auf eine sachgemäße Durchbildung besonderer Wert zu legen (Abb. 43).

Das gezeichnete Bild von den Antriebsmitteln wäre nicht vollständig, wenn man nicht über die Schiffsschraube*) — dem Flügelrad des Schiffes — einiges sagte. Schon 1752 schlägt Daniel Bernouolli vor, die Radachse bei Schiffsrädern parallel zum Kiel zu legen und die Schaufeln schräg zur Achse zu stellen. 1768 hat der Franzose Paucton eine archimedische Schraubenspirale als Schiffsantrieb vorgeschlagen und 1785 brachten die Windmühlenflügel den Engländer Bramah auf die Idee einen Flügelpropeller, für den Schiffsantrieb zu konstruieren. Der erste praktische Erfolg wurde 1829 mit einer archimedischen Schraube konstanter Steigung errungen. Die grundlegenden Versuche wurden aber erst 1836 systematisch fortgeführt. Bei einem Schiffsunfall zeigte sich, daß die abgebrochene Schraubenspirale mit dem Stumpf einen höheren Wirkungsgrad erzielte, als in intaktem Zustand; man erkannte, daß einzelne Flügelflächen besser sind als lange Schraubenflächen, daß also von den 3 Konstruktionen, die des Flügelpropellers am meisten Aussicht auf Erfolg hat. Die auf dieser Basis ausgeführten Versuche des Schweden Ericson und des Engländers Smith haben eine fruchtbringende Geistesarbeit hervorgerufen, die in neuerer Zeit durch Froude, Taylor und Schaffran zu großer Klarheit in der Überwindung der hemmenden Einflüsse geführt hat (Abb. 44.) vergl.: Geisler.

Die Wirkungsweise der Schiffsschraube ist in erster Linie abhängig von ihrem Steigungsverhältnis, d. h. vom Verhältnis der Ganghöhe der Schraubenfläche zum Durchmesser der Schraube, vom Belastungsgrad und dem Winkel, unter dem die Wasserströmung die sich drehenden Flügel trifft. In zweiter Linie ist die Wirkungsweise abhängig von der Materialdicke der Flügel, je dünner und glatter die Flügel sind, um so geringer ist der zu überwindende Widerstand des Wassers. Die zahlreichen Erprobungen und Erfahrungen der Praxis (Zeise — Meißner) und die Modellversuche, bei welchen man durch Interpolation die günstigsten Hauptabmessungen findet, haben zu Wirkungsgraden bis zu $70_0^0/_0$ geführt. Für kleine Fahrzeuge hat man die Umsteuerschraube (verstellbare Flügel) eingeführt, die besonders bei Motoren, welche nur in einer Richtung laufen, von Nutzen sind. Verwirbelungen und schlechter Zustrom des Wassers werden neuerdings durch Propellerleitapparate, Erfindungen von Dr. Wagner und Haß, geregelt. Mit der vollkommenen

---

*) Wasser- und Luftpropeller arbeiten unter ähnlichen Voraussetzungen.

Olga Siemers
Ohne Contrapropeller

Reisen	Gesamtzeit Std.	Gesamtzeit Min.	Gesamte Umdrehungen	Umdr./Min.	Gesamt-Seemeilen	Sm. pro Std.	Gesamt-Kohlen	Tonnen pro Tag	
New Castle—Gaspe ...	309	51	1231028	66,2	2472	8,0	253	19,6	bewegte See, steife Brise
Gaspe—New Foundland	87	11	343450	65,7	714	8,2	75	20,3	ruhige See
Brintans Beach—Westhartlepool	244	32	988850	67,4	2096	8,6	200	19,6	steife Brise
Westhartlepool—Bleyn—Hamburg	49	36	208450	70,0	456	9,2	46	22,3	ruhige See
Hamburg—Archangel ..	203	17	960000	79,0	2020	9,95	191	22,5	gutes Wetter ruhige See
Archangel—Amsterdam .	212	43	876770	69,0	1213	8,7	166	18,8	gutes Wetter ruhige See
Amsterdam—Burnlisland—Emden	65	4	293950	75,3	569	8,74	64	23,6	bewegte See, Dünung
Emden—Dunston.....	69	13	285050	68,8	453	6,65	66	22,9	bewegte See, Dünung
Dunston—Holtenau—Petersburg	131	3	705400	93,0	1213	9,27	122	22,2	steife Brise
Königsberg—Antwerpen	100	30	486790	80,5	752	7,2	97	23,2	steife Brise
Antwerpen—San Antonio	1002	47	4220060	70,2	9400	9,38	909	21,7	frisch. Passat
			Im Mittel	72,9		8,53		21,5	

Ilona Siemers
Mit Contrapropeller Hat B. B. unteren Flügel verloren
Reise New-Castle—Santos mit neuem B. B.-Mittelstück

Reisen	Std.	Min.	Gesamte Umdrehungen	Umdr./Min.	Gesamt-Seemeilen	Sm. pro Std.	Gesamt-Kohlen	Tonnen pro Tag	
Tyne—Bränfors	117	—	544485	77,5	1188	10,02	119,5	24,5	steife Brise von vorne
Bränfors—Sund......	24	47	109310	73,5	219	8,86	22	21,3	steife Brise, Sturm
Holtenau—Port Natal..	746	39	3260040	69,0	7295	9,25	658	20,08	frische Brise
Durban—Delagoabay ..	19	—	82240	72,0	194	10,0	15		leichte Brise
Delagoabay—Karachi ..	364	58	1579230	70,0	3652	9,7	366	23,2	frische Brise
Karachi—Genua	492	27	1969010	66,6	4236	8,6	502	24,8	steife Brise, Sturm
Genua—Novorosisk ...	187	39	857280	76,3	1796	9,6	147	18,8	steife Brise
Novorosisk-Aarhus Elbe I	435	8	1755910	67,4	3897	8,9	354	19,5	frische Brise, Dünung
New Castle—Santos...	571	57	2362800	69,0	5589	9,8	474	19,8	frische Brise, Dünung
			Im Mittel	71,2		9,41		20,22	

Ursula Siemers
Mit Contrapropeller Hat B. B. unteren Flügel verloren

Reisen	Std.	Min.	Gesamte Umdrehungen	Umdr./Min.	Gesamt-Seemeilen	Sm. pro Std.	Gesamt-Kohlen	Tonnen pro Tag	
Emden—La Romana ..	497	32	2212605	74,3	4276	8,6	423	20,4	steife Brise
La Romana-Liverpool .	468	22	1752560	62,3	3794	8,1	421	21,6	steife Brise, Sturm
Liverpool—Banz	24	—	109440	76,0	243	10,0	20	20	frische Brise, Dünung
Banz—Gibraltar	136	56	523810	63,7	1139	8,3	92	16	frische Brise
Cadiz—St. Johns.....	338	9	1298300	64,0	2380	7,1	251	17,7	steife Brise, Sturm
St. Johns—Neapel	583	6	2453242	70,0	5243	8,98	486	20	steife Brise
			Im Mittel	68,4		8,51		19,3	

Auswertung dieser jungen Erfindungen ist wohl der höchste praktisch erzielbare Nutzeffekt erreicht. Abb. 45 stellt einen Standardtyp für Einschraubenschiffe dar. Mit einem solchen Star-Kontrapropeller sind Leistungsersparnisse bis zu 20% erreicht. Die Seitenflügel vermindern die Stampfbewegungen des Schiffes besonders bei schwerem Wetter. Die Maschine kann also auch dann mit voller Kraft gleichmäßiger durchlaufen. Man kann bei gleicher Leistung Geschwindigkeitszunahmen

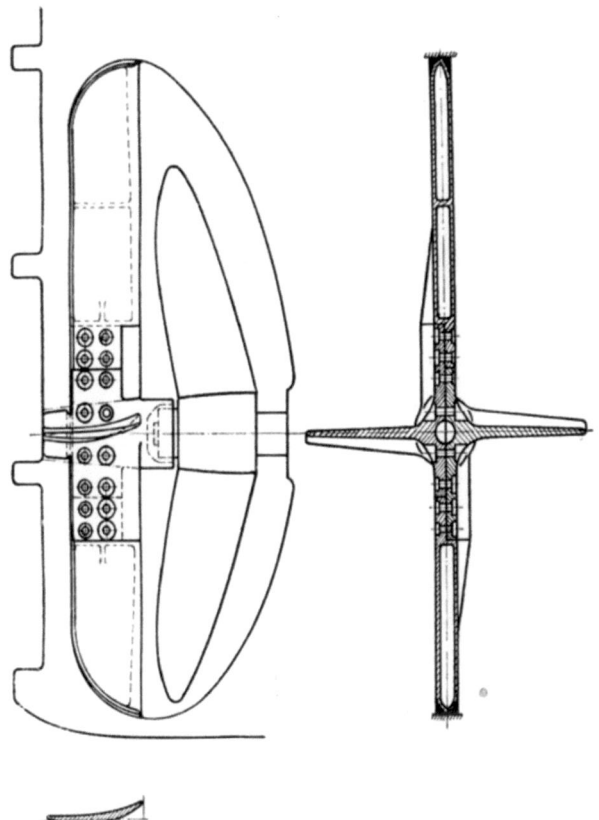

Abb. 45. Leitflächen hinter der Schraube (**Gegenpropeller**).

feststellen, die man bei normalen Schiffen ohne Gegenpropeller nur mit einer Leistungserhöhung von 20% erreicht hätte (s. Tabellen S. 70). Abb. 52 zeigt Leitapparate vor und hinter der Schraube, sie finden Anwendung, wenn hinter der Schraube nicht genügend Platz vorhanden ist zur Anwendung seitlicher Flügel. In vielen Fällen verzichtet man dann auch auf die Anordnung hinter der Schraube ganz, ja man bildet von vorn herein die Form des Hinterschiffes in der angedeuteten Form aus und erzielt dann ähnliche Vorteile wie oben angedeutet.

Abb. 53 zeigt die Anordnung bei Schiffen mit Wellenhosen; auch hier kann man die Fläche durch Flügel nach außenhin erweitern. Alle diese Konstruktionen sind darauf gerichtet, die Stromfäden des Wassers tangential in die drehende Schraube einzuführen. Abb. 49, 50 und die Tabellen (Siemers) zeigen die erreichten Vorteile bei Schiffen, nachdem die Leitflächen eingebaut waren.

Abb. 46. Bark.

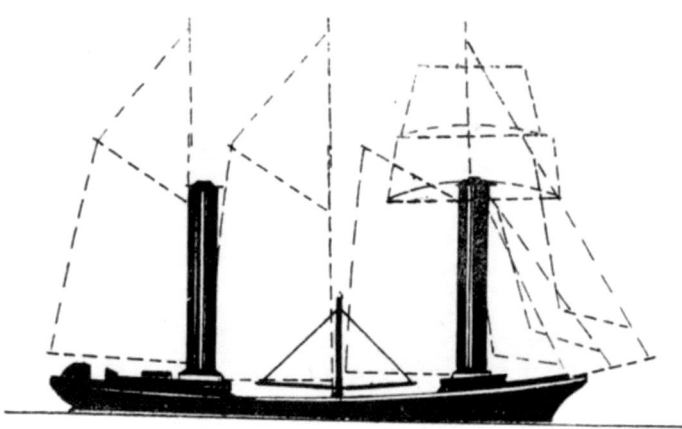

Abb. 47. Schiff mit Flettner Rotoren (Buckau).

Die Segelschiffe führen an den Masten entweder Raa- oder Gaffelbeseglung und an den Verbindungs- und Vorstagen die üblichen Dreiecksegel; außerdem wird heute vielfach ein Hilfsmotor als Antriebsmittel eingebaut, der dem Schiff bei Flaute 4—6 auch 7 Meilen Fahrt in der Stunde verleiht. Über Bemastung und Takelung hat sich Middendorf in seinem grundlegenden Werke erschöpfend geäußert. Die Segelschiffahrt hat es trotz der scharfen Konkurrenz durch die Dampfer verstanden, sich in der Küstenfahrt zu behaupten und auf einigen Linien Großsegler in Fahrt zu halten. (Abb. 46).

Die Anwendung der Schiffsrotoren von Anton Flettner auf der
»Buckau«, einem früher als Schoner getakelten Segler, hat die Öffentlichkeit plötzlich und nachhaltig bewegt. Eine Reihe von Forschern
haben zur Lösung des Problems beigetragen, so u. a. der Experimentalphysiker Magnus, ferner Professor Prandtl, Göttingen und Professor
Föttinger, Charlottenburg. Die Erkenntnis brach sich Bahn, daß unmittelbar an den rotierenden Flächen zylindrischer Körper die Strömungsvorgänge in der bewegten Luft bzw. im fließenden Wasser eigenartig
beeinflußt werden. An der Seite, an welcher die Bewegungsrichtung
der rotierenden Fläche mit der Stromrichtung gleich läuft, tritt eine Beschleunigung ein. Die anströmenden Massen werden schnell an dieser
Seite der rotierenden Fläche vorübergeführt, es entsteht eine Druckverminderung, während auf der entgegengesetzten Seite naturgemäß ein

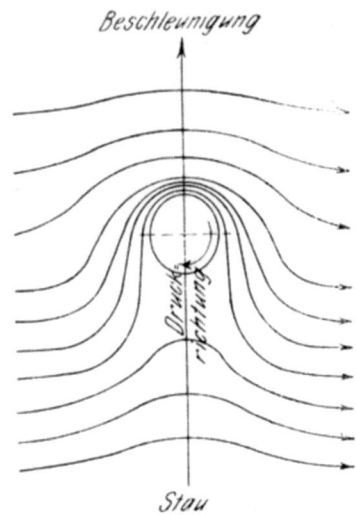

Abb. 48. Magnus-Effekt. (Ausnutzung bei Rotorschiffen).

Stau und somit Überdruck erzeugt wird. Überdruck einerseits und
Unterdruck andererseits wirken in gleicher Richtung und zwar in einer
bisher nicht vollerkannten Stärke, die die praktische Verwendbarkeit
der Rotoren als Supplement der motorischen Antriebsmittel in greifbare
Aussicht stellen. (Abb. 47).

2. Frachteinrichtungen.

Die Schiffsräume werden vorn und hinten, wie schon zu Eingang
dieses Kapitels bemerkt, durch Kollisionsschotte (Piekschotte) gesichert.
Die dazwischen liegenden Fracht- und Laderäume — mit Ausschluß
der Triebmittelräume — werden gewegert (ausgekleidet) zumeist mit
Holz. Die Wegerung auf Bodenwrangen, Doppelboden und Bilgen
wird im allgemeinen »dicht« verlegt. Die Seitenwegerung wird auf

Innenkannte Spanten verlegt, ist »offen« und erfolgt auf Klampen in Vertikalabständen von 225 mm. (s. Abb. 36).

Die Anordnung und Größe der Luken ist durch die Art der Ladung und Verteilung der Schiffsräume bestimmt. Früher war die Größe der Luken verhältnismäßig gering; erst mit der Entwicklung der mechanischen Lösch- und Ladevorrichtungen an Land und Bord wurde der Deckplatz wirtschaftlich ausgenutzt. Bei Segelschiffen, bei denen der gesamte Laderaum durch kein Querschott unterbrochen wurde, ordnete man gewöhnlich 3 Luken an, deren größte ungefähr 6 m lang in der Mitte vor dem Großmast, die beiden andern von etwa 2,5 m Länge vor dem Besahn — bzw. Fockmast, lagen; ihre Bedienung erfolgte durch die Raaen oder Gaffeln. Die Dampferluken wurden durch die Lage der Maschinen- und Kesselräume beeinflußt. Die Forderung der Klassifikationsgesellschaften, diese Räume durch wasserdichte Querschotten vom Laderaum zu trennen, brachte zunächst den »vorderen« und »hinteren« Laderaum. Je nach Größe des Schiffes erhielten diese Räume, eine, zwei oder mehrere Luken. Unterteilt man zur Erreichung des Unsinkbarkeitszeichens ✢ die einzelnen Räume durch weitere Querschotte, so erhalten sie je nach Größe die erforderlichen Lukenöffnungen. Heutzutage ist das Deck bei normalen Frachtdampfern und Frachtmotorschiffen, abgesehen von dem für die Maschinenanlage erforderlichen Platz, völlig aufgeteilt und von Luken und Ladevorrichtungen eingenommen. Je größer die Luke ist, desto bequemer ist der Lösch- und Ladevorgang. Die Staukosten verbilligen sich je geringer die Entfernungen zwischen den Lukenenden und Laderaumecken sind, — die Trimmarbeit also auf das geringste Maß beschränkt bleibt; bei Spezialschiffen in der Holz-, Kohlen-, Erzfahrt u. a. ist dies Bestreben in augenfälligster Weise durchgebildet. Masten, Ladepfosten und Winden werden an die Enden der Räume gesetzt, und der dazwischen liegende Platz wird voll von den Luken in Anspruch genommen; nur die Querverbände, die zur Sicherung der Festigkeit dienen, werden an geeigneten Stellen in zweckmäßiger Weise durchgebildet. Schiffe, die neben Fracht auch Passagiere fahren, müssen allerdings die Lukengröße in den Passagierdecks einengen. Es werden dann sogen. Schachtluken (Trunks) gebaut. Für Schwergut und Schüttladungen sind besondere Einrichtungen getroffen, um die Ladung von vornherein richtig zu trimmen, damit der Ladungsschwerpunkt die gewünschte Lage behält, daß er also bei Schwergutfahrern nicht zu tief kommt und bei Schüttladungen nicht aus der Mittschiffsebene durch »Übergehen« *) herausfällt. Spezialschiffe dieser Art sind die Turmdeck-, Kofferdeck- oder Trunkdeckschiffe, bzw. Schiffe mit schrägen Seitentanks. Getreideschiffe haben zum Nachfüllen der

---

*) Schlingerschotte.

toten Winkel und Ecken kleine Nachfülluken. Flüssige Ladung wird in besonderen Tankschiffen mitgeführt. Hier brauchen die Luken nur klein zu sein. Die Räume sind zellenartig unterteilt, die Abstände der Schotten gehen nicht über 10 m. Das Löschen und Laden wird durch ein besonderes Rohrleitungswerk mittels Pumpen besorgt. Für den Fleischtransport oder sonstige verderbliche Ladung werden Kühlräume oder ganze Kühlschiffe gebaut, die mit Isolierwänden ausgekleidet werden und durch Kühlmaschinenanlagen künstlich gekühlt werden.

Inventar- und Vorratsräume sind an leicht erreichbaren Stellen an Bord anzuordnen. In der Regel sind vorn über dem Kettenkasten des Bugankers das Kabelgat und die Boots- und Zimmermannsvorräte untergebracht (Back), ebenso Lampen und Farben. Im Hinterschiff wird meistens der Schiffsproviant gelagert. Auf diese Weise werden die Picks der Schiffe, soweit sie nicht zur Unterbringung von Trimm- und Ballasttanks dienen, zweckmäßig ausgenutzt.

3. Wohn- und Wirtschaftseinrichtungen.

Die Wohnlichkeit und die Einrichtungen für das leibliche Wohl einer auf verhältnismäßig engen Raum beschränkten Menschengemeinschaft, wie man sie in der Besatzung an Bord eines Schiffes vor sich hat — ist von hoher allgemeiner Bedeutung. Die Vermessungsvorschriften nehmen auf diesen Umstand eingehend Rücksicht; so entfallen nach Vorschrift auf jeden Schiffsmann mindestens 3,5 m³ Logisraum, der bei ausgiebiger künstlicher Lüftung bis auf 3,0 m³ beschränkt werden darf. Die Kojenlänge darf nicht unter 1,83 m, die Kojenbreite nicht unter 0,6 m liegen. Der Höhenabstand von Decke zu Koje oder von Koje zu Koje darf nicht weniger als 0,75 m betragen; mehr als 3 Kojen übereinander anzuordnen ist unzulässig. Für Erwärmung der Räume bei kaltem Wetter sind geeignete Heizvorrichtungen zu treffen. Dampfer, die mehr als 20 Mann Besatzung haben, werden mit einem besonderen Waschraum ausgerüstet; es müssen Brausevorrichtungen vorhanden sein, wenn mindestens 10 Mann Maschinen- und Heizpersonal an Bord sind. Besondere Aborte sind vorzusehen: Für je 25 Mann muß mindestens ein Abort (W. K.) vorhanden sein, Pissoire dürfen mit in den Abortsräumen liegen. Für Auswandererschiffe gelten besondere Vorschriften der einzelnen Länder.

Die Lage der Küche ist möglichst luftig zu gestalten, sie wird meistens oben auf der Brücke neben dem Schornsteinschacht angeordnet. Neben den üblichen Koch- und Bratherden mit bordmäßiger Armierung (Senking) finden Dampfkochherde und Backöfen Verwendung.

Größere Schiffe in der Frachtfahrt führen immer eine kleine Anzahl von Passagierkammern mit sich, Schiffe in fester Linienfahrt haben, wenn es die Verhältnisse erfordern, besondere Passagiereinrichtungen (Abb. 42), die je nach der Länge der Reise und Art der Klasse mehr oder weniger geräumig und bequem sind. Geschickte Ausnutzung des zur Verfügung stehenden Raumes und Ausschaltung alles Unzweckmäßigen sind die Hauptbedingungen für die Zufriedenstellung aller an Bord befindlichen Personen. Die Unzahl der bisher schon gebauten Schiffe hat für Normalfälle bestimmte Erfahrungswerte den Reedern und Bauwerften an die Hand gegeben. Für besondere Bedingungen und für solche Schiffe, die in der Hauptsache Personen zu befördern haben, gibt es immer wieder neue Aufgaben zu lösen. Die zweckmäßige Gliederung der Besatzungs- und Passagierräume der verschiedenen Klassen die richtige Verteilung der Wohn- und Wirtschaftsräume innerhalb dieser einzelnen Gruppen, der Toiletten und Bäder, der Aufenthalts- und Gesellschaftsräume die zweckmäßige Anordnung der Verkehrsgänge, von Licht und Heizung, Bedienung und Nachrichtendienst — im bordmäßigen Sinn — sind Zielpunkte der praktischen Entwurfsarbeit.

Tabelle: (vergl. Abb. 42.) Wohneinrichtungen. Mindestmaße.

Koje, 1830 · 600 längsschiff.

Sofa, 470—500 mm Sitzhöhe, 1100—1200 mm Rückenlehne, 600 mm Sitztiefe, 650 mm Sitzbreite.

Waschtisch, 800 mm hoch; Patentklappwaschtisch 500 · 500 und 1900 mm hoch. 530 · 270 für Offiziere.

Tische, 800 mm hoch, für Messen 600 mm breit, für Mannschaft 550 mm. Tischlänge für eine Person 600 bzw. 550 mm.

Bänke, freistehend 250 mm, angebaut 350 mm breit.

Schreibtisch, 1000 · 600 mm, 800 mm hoch.

Anrichtetische, 850 · 900 mm, Hartholzplatte.

Kartentisch, 950 · 1000 mm, mit Auszügen.

Anrichteschrank, 925 mm hoch, mit 350 mm Aufbau.

Spiegel, (1600 mm hoch anzubringen).

Kleiderschränke, 500 · 500, 2000 mm hoch.

Türen, nach innen schlagend, Drückerhöhe 1000 mm, mit Ventilationseinrichtung.

Treppen, Steigung 55—60°, Breite 700—800 mm, Stufenhöhe 190 bis 220 mm. Haupt- und Fahrgasttreppen 35—40° Steigung, Breite 1000—1200 mm, Stufenhöhe 180 mm.

Waschräume, Schüsseln 350 mm $\emptyset$ in 600 mm Abstand. Platz für $1/6$ der Belegschaft.

In den Figuren und Tabellen ist gewissermaßen die untere Grenze des praktisch Erreichbaren gezogen. Unsere großen Schiffe auf langer Fahrt, sind in höchstem Maße mit Wohnlichkeit und Bequemlichkeitseinrichtungen bedacht, die in manchen Fällen vergessen machen, daß man mit beschränkten Bordverhältnissen zu tun hat. Im letzten Abschnitt dieser Arbeit (Typenbildung und Schiffsstile), der schon beim Kapitel

Formgebung angezeigt wurde, ist auf die hier stark die Schiffsarchitektur beeinflussenden Verhältnisse näher eingegangen.

4. Betriebs- und Sicherheitseinrichtungen.

Unter Schwimmfähigkeit ist schon auf die Sicherheitsbedingungen, wie sie an den Schiffskörper im allgemeinen gestellt werden, eingegangen. Die Einführung des Unsinkbarkeitszeichens durch die Schottvorschriften und die Einführung der Freibordmarke durch die Frei-

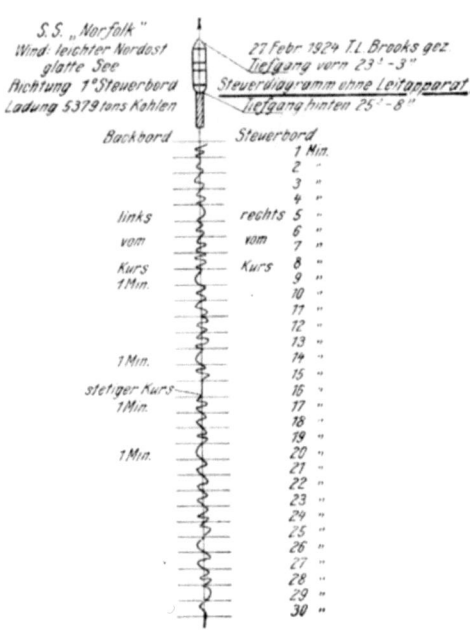

Abb. 49. Schaubild der Steuerwirkung ohne Leitapparat.

bordvorschriften geben den äußeren Rahmen für diese Bedingungen, mit denen sich der Schiffbau rechnungsmäßig und rein praktisch z. Zt. abzufinden hat. Über diese allgemeinen Bedingungen hinaus gibt es eine Fülle von Aufgaben, welche der Schiffsführung an die Hand zu geben sind, um Unfällen während des Betriebes im Hafen und auf See, in Fahrt oder während des Löschens und Ladens, wirksam zu begegnen. Zunächst gehört hierher die Steuerung und Navigierung der Schiffe.

Früher wurde bei den Ägyptern, Phöniziern und Griechen die Steuerung durch Handräder bewirkt, die an den Seitenwänden der Schiffe lose gelagert waren. Erst als man im Mittelalter dazu überging auch den Wind durch Schrägstellung der Segel auszunützen, führten vor allem die nordischen Völker das am Hintersteven drehbar gelagerte »Heckruder« ein, das durch eine nach innenbords geführte Ruderpinne mit Hilfe von Taljen bewegt wurde. Dadurch war man in die Lage versetzt, den Kurs des Schiffes über jeden Bug sicher zu halten. Bei Überstaggehen der Segelschiffe konnte man bei richtiger Verteilung der einzelnen Vor- und Achtersegel, durch geeignete Segelmanöver die Drehwirkung erheblich erhöhen — besonders dann, wenn die Fahrt (Geschwindigkeit) des Schiffes im rechten Zeitpunkt ausgewertet wurde (Abb. 10).

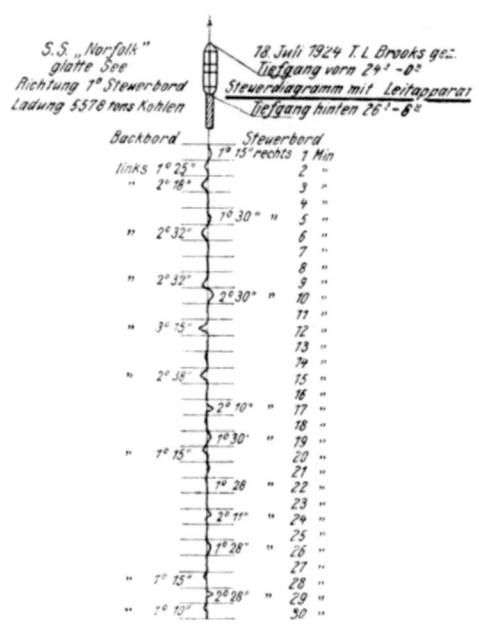

Abb. 50. Schaubild der Steuerwirkung mit Leitapparat.

Durch die Einführung der Schiffsschraube trat insofern eine Änderung ein, als man die Einwirkung der vor dem Heckruder angebrachten Schraube gebührend zu berücksichtigen hatte. Besonders war der Vorstrom der Wasserfäden durch geeignete Schiffsformung zu regulieren. Bis in die neueste Zeit hinein hat man hier an Verbesserungen gearbeitet, um einen wirbellosen Vor- und Nachstrom zu erzielen, der nicht nur den Propeller-, sondern auch den Steuerwirkungsgrad erhöht (Gegenpropeller — Leitapparat). Naturgemäß wird bei einem Propeller schon bei wenig Fahrt oder bei Übergang in Vorwärts- oder Rückwärtsfahrt durch das Schraubenwasser Steuerkraft erzeugt. Die bei größeren Geschwindigkeiten erzeugten Ruderdrehmomente sind durch Einführung des Schweberuders (Balance) bei gleicher Größe der Steuer-

fläche wesentlich verringert. Die Einführung der Mehrschraubenschiffe
führte zu Sonderkonstruktionen, Doppelrudern u. dergl. (Abb. 30, 43
und 54).

Selbstverständlich war es nicht möglich, diese Ruder dauernd von
Hand zu betätigen. Es wurden Maschinenruder eingeführt, die in wenigen
Sekunden das Ruder von Mittschiffs nach Hartbord — und umgekehrt
bewegten. Besonders im Kriegschiffbau kam die Rudertechnik zu hoher
Vollendung. Den erhöhten, teilweise plötzlich eingeführten Beanspruchungen mußte man durch Zwischenbau von Federungen und hydraulischen
Bremsen u. a. begegnen. Immerhin ist der Bemessung der Materialstärken bei Berechnung der Anlagen die größte Aufmerksamkeit zuzuwenden, zumal Ruderbrüche bei Einschraubenschiffen das Schiff hilflos machen. Es ist bei großen Anlagen angestrebt, den Ruderantrieb

Abb. 51 a. Lateinsegel.

Abb. 51 b. Luggersegel.

möglichst hart an die Ruderfläche zu bringen, also tief ins Schiff zu
legen, damit die Torsionsbeanspruchungen auf ein geringes Maß zurückgeführt werden.

Neuerdings hat man durch die Erfindung des strombetätigten Flettnerruders viele Unsicherheiten, die in den unberechenbar großen Beanspruchungen lagen, beseitigt. Das Flettnerruder, als Schweberuder ausgebildet, ist vollkommen frei drehbar und wird allein von der Wasserströmung durch Bewegung eines am Hinterteil der Ruderfläche gelagerten
Hilfsruders gesteuert. Die Betätigung des Hilfsruders wird durch
eine Spindel bewirkt, die im hohlen Schaft des Hauptruders gelagert ist
und unter Einschaltung einer Stangen- und Kettenübertragung eine direkte
Steuerung des Hauptruders herbeiführt. Im übrigen stellt sich das Hilfsruder immer wieder zwangsläufig in die Fläche des Hauptruders ein.
Besonders bei der Rückwärtsfahrt wirkt das Hilfsruder regulierend, so
daß auch hier erhöhte Rudermomente ausgeschaltet werden. Die Betätigung erfordert nur minimale Kraft und bedeutet eine Ersparnis an
Bau- und Betriebskosten. Die Kursbeständigkeit wird erhöht. Ferner
hat das Dreiflächenruder von Joessel durch das Flettnerruder eine neue

Belebung erfahren. Die Wirkung des Schraubenstrahles auf das hinter der Schiffsschraube gelagerte Ruder wird in Verbindung mit dem Flettnerruder ausgenützt. In weiterer Verbindung mit dem Selbststeuerer von Anschütz gewährleistet die Einführung des Einflächen-Flettnerruders eine betriebssichere, wirtschaftliche und genaue Navigierung des Schiffes (Abb. 54).

Neben dieser rein praktischen Betätigung in der Leitung des Schiffes steht die der berechnenden, die der **Navigierung** mittels Chronometer und Kompaß. Die Seeuhren, welche man für die Zeitmessungen während der Fahrt auf hoher See benutzt, haben eine lange Entwicklung hinter sich, die Präzisionsmechanik hat hier, wie auch bei den verschiedenen Arten der Kompasse großartige Erfolge zu verzeichnen. Es ist hier nicht der Ort, näher auf die nautischen Instrumente einzugehen; sie sind ein unentbehrliches Hilfsmittel für die Seefahrt, berühren aber als Aus-

Abb. 51 c. Sprietsegel und Fock.   Abb. 51 d. Gaffelsegel (Kuttertakelung).

rüstungsgegenstände nicht die Grundlagen für den Schiffbau entscheidend. Seitdem der Kreiselkompaß von Anschütz in Verbindung mit dem Selbststeurerapparat die magnetischen Massenwirkungen des stählernen Schiffskörpers ausschaltet, sind Mißweisungen auf das geringste Maß beschränkt.

Die **Unterwasserschallsignale** gehören heute zu den wichtigsten Hilfsmitteln zur Sicherung der Schiffahrt in der Nähe der Küste. Das Wasser als Übertragungsmittel des Schalles ist infolge seiner größeren Dichte und gleichmäßigeren Beschaffenheit weit weniger Störungen unterworfen als die Luft. Bei dem U. W. S. — Signalsystem werden Geber- und Empfängerapparate gebraucht. Der Einbau der Apparate erfolgt unter Wasser im Vorschiff an Steuerbord und Backbordseite. Von dort gehen die Kabelleitungen zum Hörapparat im Ruderhaus. Durch systematische Errichtung von Küsten-Senderstationen sind genaue Peilungen möglich, durch welche die technische Navigation eine Bereicherung erfährt. Hierher gehört auch das **Behmlot**. Es beruht auf der Echowirkung des Meeresgrundes bei Tiefenpeilungen. Das Lot gibt auf Tiefen bis zu 200 m schnelle und sichere Peilungen, die sofort ablesbar sind.*)

Zur Übermittelung der Befehle dienen die Telegraphen. Die mechanischen Telegraphen erfreuen sich trotz der umständlichen Verlegung der Leitungen und des verhältnismäßig hohen Kraftaufwandes immer noch einer großen Beliebtheit. Elektrische Telegraphen werden mit Wechselstrom oder Gleichstrom gespeist. Von einem Geber können mehrere Empfänger betätigt werden. Für die Rückmeldung sind die Apparate mit einem zweiten System auszurüsten. Die Leitungen werden als neunadriges, eisenbewehrtes Gummibleikabel verlegt. Da auf den Skalen der Telegraphen nur eine beschränkte Zahl von Kommandos Platz hat, so erhalten sie nur die regelmäßig wiederkehrenden Befehle. Eine darüber hinaus gehende Verständigung wird durch Sprachrohr oder Fernsprecher bewirkt, die gleichzeitig bei vorkommenden Störungen in der Telegraphenleitung als Ersatz dienen. Die Fernsprecher sind dem Schiffbetrieb angepaßt und als Lautsprecher durchgebildet. Um die Umdrehungszahlen der Maschine jederzeit ablesen zu können, wird ein Umdrehungsfernzeiger aufgestellt. Neuerdings wird auch die Dampfpfeife elektrisch reguliert, besonders im Nebel durch ein 7 Sekunden währendes, periodisch minutlich wiederkehrendes Signal. Als Nebelsignal wird auch eine elektrisch betriebene Nebelglocke aufgestellt (10 Schläge i. d. Minute).

Auf großen Schiffen sorgt eine elektrische Uhrenanlage für den geregelten Tageslauf. Feuermelder bringen entstandene Brände auf dem schnellsten Wege zur Kenntnis der Schiffsleitung. Ja, die Rich-Feuermelde- und -Löschanlage ist ein Rohrsystem, bei welchem einerseits Rauchmeldungen den Brand anzeigen und das andererseits dazu dient, zur Erstickung des Feuers, Dampf in die Räume zu blasen. — Die Schiffsbesatzung wird zu außergewöhnlichen Dienstleistungen durch Alarmwecker herbeigerufen. Für besondere Befehle wie: Feuerlärm, Bootsmanöver oder Schottenschließen werden meistens besondere Signalvorrichtungen und Anlagen gebraucht. Das Signal zum Schließen der wasserdichten Türen in den Schotten fordert zugleich zum Verlassen der Räume auf, die keinen andern Ausgang haben.

Die Unfallverhütungsvorschriften (der S. B. G. u. a.) geben besondere Bestimmungen über die Mitführung von Booten und Rettungsgeräten. Nach Größe des Bruttoraumgehaltes und nach Anzahl der mitgeführten Personen wird die Größe des Bootsraumgehaltes berechnet. Die Boote sind mit Schwimmvorrichtungen versehen und werden seemäßig mit vollständiger Ruder- und Segeleinrichtung oder auch Motoreinrichtung ausgerüstet. Die Vorschriften der S. B. G. bzw. des Board of Trade . . . sind eingehend und bindend für die

---

*) Größere Tiefen werden abgehört.

Ausführung. Die Aufstellung der Boote erfolgt gewöhnlich auf dem freien Deck, an Orten, wo der Bordbetrieb nicht behindert wird und von wo aus ein Aussetzen leicht zu bewerkstelligen ist. Durch die Welinschen Quadrantdavits wird es möglich gemacht, die Boote auch unter dem freien Deck in Bootsnischen zu plazieren, oder in Parallel oder Übereinanderstellung zu bringen. Die Bedienung beim Bootsmanöver geschieht von Hand oder durch besondere Fier- und Heißvorrichtungen. (Bootnormen der H. N. A.). (Abb. 51, a, b, c, d Bootbeseglung).

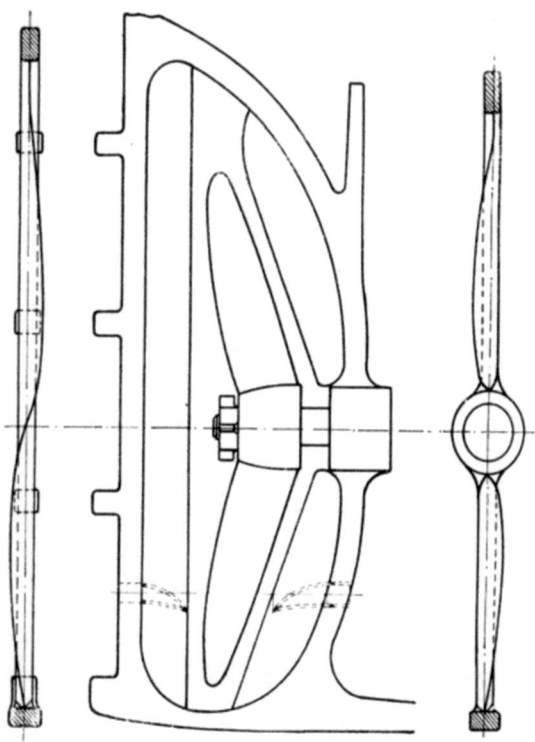

Abb. 52. Leitflächen vor und hinter der Schraube.

Die Lichterführung durch Topplaternen, Seitenlaternen und Hecklaternen während der Fahrt und Ankerung ist durch das Seestraßenrecht seit langem geregelt. Auf den meisten Schiffen sind die früheren Öllampen durch Glühlampen ersetzt. Sie geben ein besseres Licht und können im Ruderhaus auf der Brücke durch eine Positionslampenkontrolltafel dauernd überwacht werden. Vielfach sind die Schiffe auch mit einer Morselampe, die hoch oben auf der Mastspitze oder am Ruderhause angebracht ist — ausgerüstet.

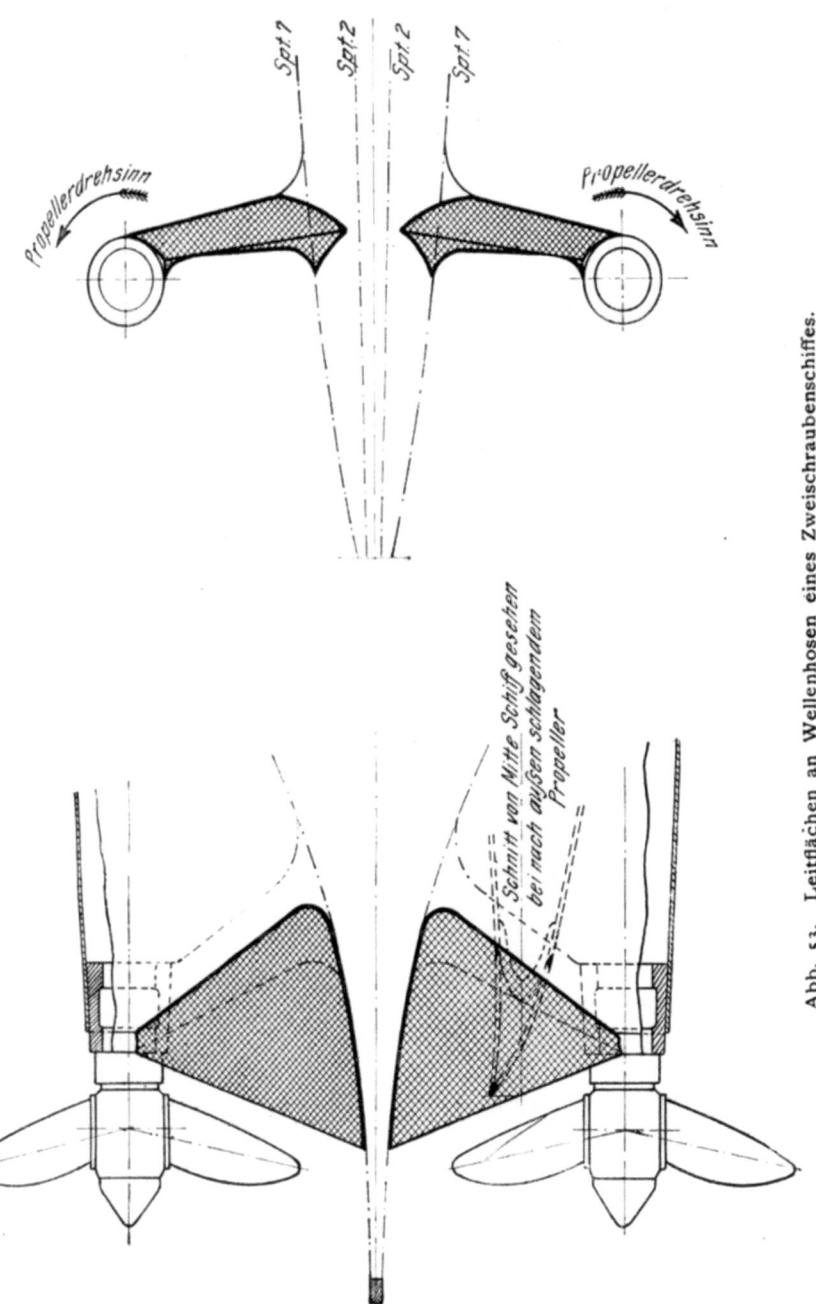

Abb. 53. Leitflächen an Wellenhosen eines Zweischraubenschiffes.

Endlich sind die Einrichtungen zur drahtlosen Nachrichtenübermittelung heute an Bord des Schiffes ein Hilfsmittel, das kaum entbehrt werden kann, ihr Vorhandensein wird zum Teil von den Regierungen gefordert; so darf z. B. kein Schiff über 1600 Tonnen ohne funkentelegraphische Einrichtungen an Bord einen englischen Hafen anlaufen. Nach 3 Richtungen ist die Funkentelegraphie und -telephonie für die Schiffahrt von Bedeutung. Einmal als Mittel zur Übertragung von Nachrichten von Land zum Schiff und von Bord zum Land und zwischen den Schiffen, dann für die Navigierung und Sicherheit des Schiffes durch Anruf oder Notruf und endlich als Unterhaltungsmittel. Durch den Rundfunk ist heute die drahtlose Telephonie im Schiffsbetrieb ähnlich wie bei stationärem Betrieb neben die Telegraphie getreten und für bordliche Verhältnisse in bester und sicherster Weise durchgebildet. Der Gegensprechverkehr, wie er in der Drahttelephonie gehandhabt wird, läßt sich heute noch nicht durchführen, da von Bord nicht mit der gleichen Sicherheit vom Sender auf den Emfangsbetrieb und umgekehrt — eingeschaltet werden kann. Ein geregelter Fernsprechbetrieb wird darum zunächst erst für die ersten Tage der Ausreise und die letzten Tage der Heimreise für Deutschland über die Hauptfunkstelle Norddeich (Ostfriesland) möglich gemacht. Charakteristisch für diese Anlagen sind die Antennenanordnungen, die allen größeren Schiffen eine erweiterte Takelung gebracht haben. Wie bei allen elektrischen Einrichtungen muß auch hier alles bordmäßig-seefest verlegt werden und die Isolierung aus dauerhaften, seewasserbeständigen Material hergestellt sein.

Die verschiedenen Hilfsmittel, welche die moderne Technik dem auf See fahrenden Schiff als Sicherheitsfaktoren mit auf den Weg gibt, sind hier in ihrem ganzen Umfang nicht gewürdigt. Es soll auch nicht die Aufgabe dieser Auseinandersetzungen sein, die hier berührten Spezialwissenschaften in ihrer vollen Auswertung für die Schiffahrt klar zu legen. Es genügt, wenn der Schiffbaufachmann in seinem Entwurf auf die Verlegung und Installation dieser hochbedeutsamen Einrichtungen genügend Rücksicht nimmt — und im Einverständnis mit Reederei und Schiffsführung Spielraum genug läßt für die reibungslose Anordnung und Verteilung aller Anlagen, die den modernen Schiffsbetrieb zu einem einheitlichen Ganzen machen. . . .

Wie es schon bei der Einrichtung der Frachträume angedeutet wurde, hat der Lösch- und Ladebetrieb einen großen Einfluß auf die Gestaltung der Deckseinrichtungen, besonders der freien Decks gewonnen, ja er beherrscht gewissermaßen die Konturen des reinen Frachtschiffes. Während man früher die vorhandenen Masten des Schiffes einfach mit einigen Ladebäumen versah, stellt man heute an geeigneten Stellen besondere Ladepfosten auf, eine Zeitlang war sogar

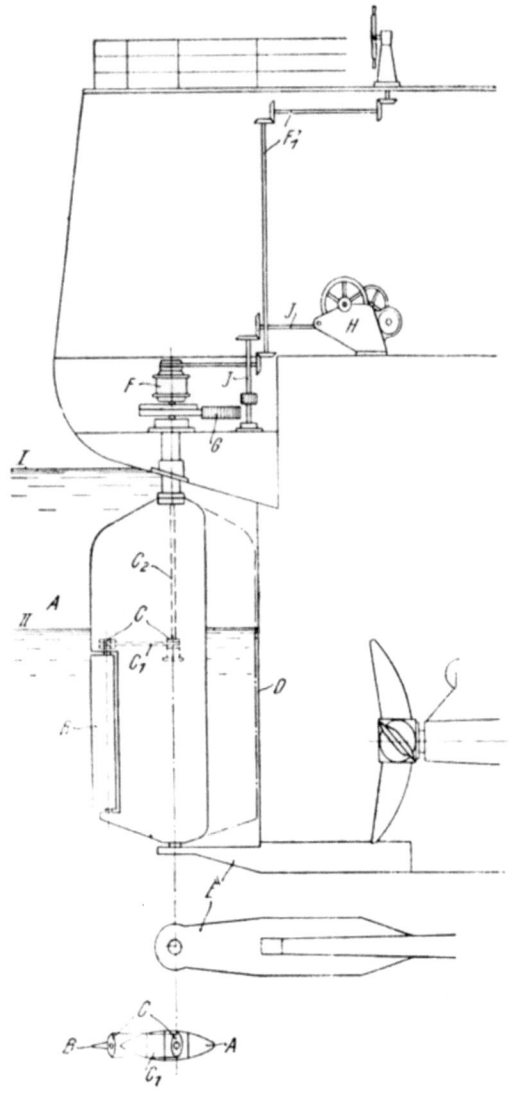

Abb. 54. Flettner-Einflächenruder. A = Hauptruder, B = Hilfsruder, C = Joche für Hilfsruder, D = Hintersteven, E = Ruderhacke, F = Getriebekasten, G = Quadrant mit Ruderjoch, II = Reserveantrieb, I = Wellenleitung, F_1 = Ruderleitung, C_1 u. C_2 = Gestänge für Hilfsruder.

die Aufstellung von Drehkränen nicht selten. Um die Jahrhundertwende hatten die Schiffe gewöhnlich nur Ladebäume bis zu einer Hebekraft von 3000 kg, (3 Tonnen) für schwere Güter wurde allenfalls ein Baum von 10—15000 kg Tragkraft mitgeführt. Die heutigen gewöhnlichen

Ladebäume aus nahtlosen, stählernen Mannesmannröhren haben eine Tragkraft von 5000 kg und mehr. Schwergutbäume, genietet oder geschweißt, werden bis zu 50000 kg Tragfähigkeit gebaut. Gitterträger haben sich für den Schiffsbetrieb als nicht zweckmäßig erwiesen. Der robuste Ladebetrieb und das angreifende Salzwasser der See läßt solche Konstruktionen nicht so leicht unter Farbe halten, als es bei runden und glatten Rohren der Fall ist.

Die Länge der Bäume hat sich mit der wachsenden Schiffsbreite und Lukenlänge entsprechend vergrößert; man ist bis zu 15 und 17 m gekommen. An den Hauptmasten sind oft besondere Ladekonsolen (Stühle) angebaut, die teilweise eine seitliche Ausdehnung von 4—6 m erreichen. Vielfach nahm man dann Raumventilatoren als Stützpunkte. Nordamerika-

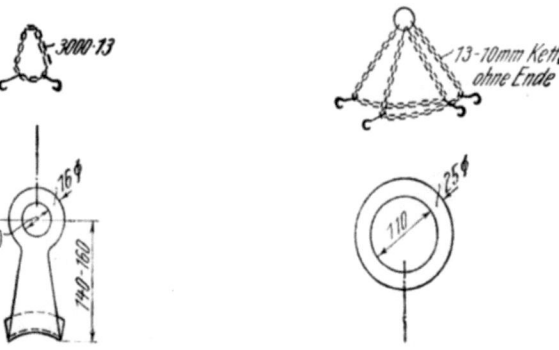

Abb. 55a. Loshakenkette.   Abb. 55b. Doppelloshakenkette.

nische, holländische und einige französische Dampfer führen auch zwei seitlich nebeneinander gestellte Masten, sog. Doppelmasten, mit oben an Stelle der Sahling geführten Sprengwerk, das in seiner Mitte die Stenge als Signalmast trägt. Auch Ladepfosten werden in ähnlicher Art zu einem Traggerüst paarweise zusammengestellt. Zahl und Anordnung der Ladebäume richten sich im allgemeinen nach der Fahrt, in der das Schiff hauptsächlich beschäftigt werden soll. Schiffe in der Linienfahrt zwischen den großen Hafenplätzen brauchen nicht so ausgedehnte Ladeeinrichtungen, da ihre Güter vor allem vom Kai aus gelöscht und geladen werden. Jedenfalls muß alles so eingerichtet sein, daß die Liegezeit beim Umschlag der Güter auf dem Strom, auf der Reede und am Kai auf das geringst mögliche Maß beschränkt werden kann. Schwergutbäume werden aus Festigkeitsrücksichten direkt am verstärkten Hauptmast gefahren. Kettenstrops der verschiedensten Stärken und Hakeneinrichtungen zum Anschlagen der Güter werden als Decksgeschirr mitgeführt. (Abb. 55).

Die Dampfladewinde erfreut sich auch heute noch großer Wertschätzung. Die Zylinderabmessungen bewegen sich meistens zwischen 175×250 mm und 200×300 mm. Diese normalen Windenbauarten mit doppeltem Vorgelege sind auf größte Betriebssicherheit gebracht. Bei der Verwendung von Schwergutbäumen ging man über die normalen

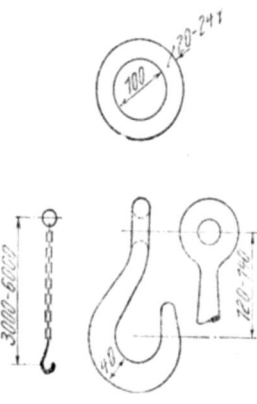

Abb. 55 c. Kettenschlinge.

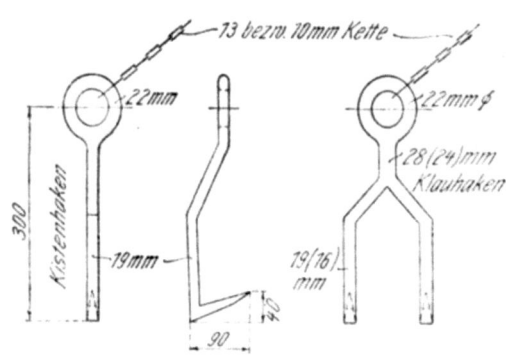

Abb. 55 d. Scharfhaken.

Seilzugleistungen von 3000 und 5000 kg hinaus bis zu 8000 kg. Die Hubgeschwindigkeiten sind im Mittel 0,66 m sec. bei leerem Haken und 0,2 m bei 5000 kg Last. Mit einfachem Vorgelege und 3000 kg. Lastzug erreicht die gleiche Winde bei leerem Haken etwa 1,65 m und belastet 0,45 m sec. Für Hieven von 1500 bis 2500 kg werden auch schnelllaufende Winden mit Wechselschieber in den Handel gebracht, die bei 260 mm Zylind. $\varnothing$ und 250 mm Hub, bei leerem Haken 2 m sec., bei 2000 kg Belastung = 1 m sec. erreichen. Die gleiche Winde kann als

B. B. und als St. B. Modell gebraucht werden. Die elektrisch angetriebene Winde hat sich gut eingeführt und arbeitet in bezug auf Wirtschaftlichkeit sparsamer als die Dampfwinde. Auf Schiffen, wo weder Dampf noch elektrische Energie zur Verfügung steht, werden Motor-(Glühkopf) winden mit gutem Erfolg zur Anwendung gebracht.

Der Lösch- und Ladebetrieb durch Bäume und Gaffeln hat sich fest eingebürgert, so daß es im Schiffbetrieb nur langsam zu sicher arbeitenden, von Bord- zu Bordseite laufenden Fördereinrichtungen neuzeitlicher Konstruktion kommen wird.

Die Takelung und Deckseinrichtung der Schiffe mit motorischem Antrieb wird nun im besonderen Maße von der Ausgestaltung der eben beschriebenen Einrichtungen für See- und Hafenbetrieb abhängig sein. In zusammenfassender Skizze werden die Vorrichtungen noch einmal vorgeführt, nicht allein um die Handhabung und Bedeutung der einzelnen Teile als Glieder im Gesamtbetrieb zu kennzeichnen, sondern um auch die alten aus dem seemännischen Leben überlieferten Bezeichnungen und Worte als köstliches Erbstück alter sagenumwobter Vergangenheit der modernen Technik in der Schiffahrt zu erhalten. (Abb. 41).

Das Schiff in eng begrenzten Gewässern, sei es in Fluß oder Hafen, sicher zu führen, zu bewegen oder zu halten, — bedarf der Leinen und Trossen, der Anker und Ketten. In schmaler Fahrrinne, die kleine Fahrt d. h. langsame Fahrt bedingt, werden Schlepper zur Verbesserung von Halt und Steuerung bei Seitenwind und Stromversetzung zu Hilfe genommen. Das An- und Abkommen des Fahrzeuges vom Liegeplatz wird durch die Leinen oder Trossen, mit welchen das Schiff vertäut wird, erleichtert. Im Hafen liegt das Schiff gewöhnlich mit Vor- und Achterleine (1), wie auch mit Vor- und Achterquerleine (Spring) (2) am Bollwerk oder im Strom an Pfahlreihen fest. Es ist Vorsorge getroffen, beim Verholen des Schiffes genügend Leine in Hinterhand zu haben, um nach Bedarf Lose zu geben, steif zu holen oder gut an Pollern (3) und Klampen fest zu machen. Draußen im freien Wasser werden die Buganker (4) geworfen, damit sich der Schiffkörper nach den jeweiligen Wind und Stromverhältnissen frei einzurichten vermag. Beim Fallen des Ankers rauscht die Kette aus dem Kettenkasten über das Spill (5) und den Kettenstopper (6) über Deck durch die Bugklüsen (7) in das Wasser dem Anker nach.

Am Bug und am Heck des Schiffes befinden sich für Verholen und Festmachen des Schiffes gewöhnlich je 2 Holklampen und je 4 Poller. Das Ankerspill dient gleichzeitig als Verholspill, während hinten die letzte Ladewinde mit Verholköpfen versehen ist oder aber, wie in der Skizze angedeutet, ein Verholspill (8) aufgestellt wird. Die Holund Rollklampen (9) werden am Schanzkleid oder an der Reeling so befestigt, daß die holende Part direkt auf den Spillkopf laufen kann. In der Nähe der Poller sind bei festem Schanzkleid zum Durchstecken der Leinen, sei es vorn, hinten oder längsseit, Klüsen (62) vorgesehen, bei Geländeranordnung dagegen sind Rollklampen oder auch sog. Lippklampen auf den Scheergang der Außenhaut gesetzt. (Abb. 56 Einzelheiten).

Schiffe mit freien, tiefer gelegenen Decks, sog. Brunnen erhalten zum sichern Befahren eine längsschiffsführende Laufbrücke. Ferner werden vielfach auf dem Vordeck oder der Back (10) Wellenbrecher angeordnet, um das Wasser nach den Bordseiten abzuleiten. Die überkommenden Wassermengen werden außerdem durch selbsttätig wirkende Wasserpforten (11), die in der Verschanzung angebracht sind, nach außenbords geführt. Gegenstände, welche dauernd an Deck gelagert

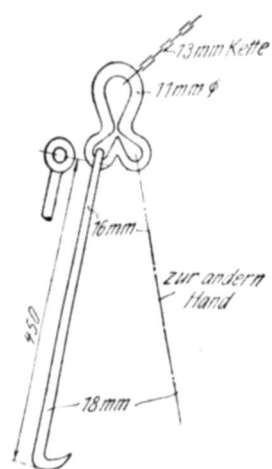

Abb. 55e. Doppelhaken für Heringsfässer.

Abb. 56a. Spill mit Spakenkranz.

oder aufgestellt sind, wie z. B. Rettungsboote (12) und Reserveanker werden mit leichten Ketten, Leinen oder Bändsel an Deck festgezurrt. Auch für Decksladungen sind Zurrvorrichtungen vorhanden; diese bestehen aus Kettenstrops und Spannschrauben. Rings um das freie Deck zieht sich ein festes Schanzkleid (13) oder ein Geländer (14) mit mehreren Durchzügen. Auch die Kommandobrücke (15) ist ringsum mit einer Verschanzung versehen; bei einfacher Geländeranordnung sind dann Schutzkleider angeordnet. Oberhalb Brüstung sind außerdem bewegliche Schutzverglasungen oder sog. Schuulklappen (16) angebracht. In ähnlicher Weise werden auf Schiffen, die Passagiere fahren, die Promenadendecks geschützt. Über frei liegende Decks, soweit sie dem Aufenthalt von Passagieren dienen, über bewohnte Decks und über Brücken werden Sonnenzelte (17) (Sonnensegel) gespannt, die auch

bei Regenwetter guten Schutz gewähren. Für Hafenzwecke werden
über offene Luken Regensegel gespannt. Der Handsteuerapparat (18)
ist direkt auf den Kopf des Schiffsruders (19) aufgesetzt. Vielfach ist
auch gleich die Rudermaschine hinten direkt mit dem Quadranten ge-
kuppelt; andererseits findet man die Rudermaschine in der Nähe der
Kommandobrücke oder in einem Deckhause unmittelbar hinter dem
Maschinenraum. Die Betätigung der Rudermaschine wird vom Stand
des Rudergängers aus, auf der Kommandobrücke, bewirkt. Die
eigentliche Ruderleitung ist gelenkig, sie besteht im geraden Teil aus

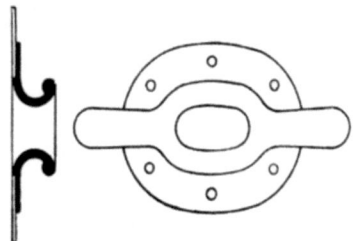

Abb. 56 b. Augklüse mit Lippklampe.

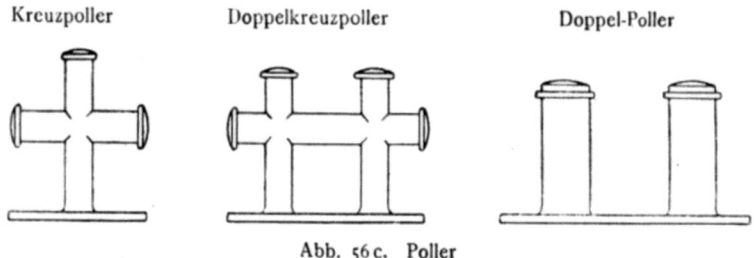

Abb. 56 c. Poller

Stangen und im übrigen aus Ketten, die über Kettenscheiben (20) geführt werden. Durch das Sprachrohr oder durch Schiffs- bezw. Dock-
Telegraphen (21) werden die Befehle übermittelt. Über die Lichterführung und über die Anwendung von Signalen gibt es nach dem internationalen Seestraßenrecht besondere Bestimmungen. Am Topp des
Fockmastes (22) wird die vordere Topplaterne (23) (weißes Licht) gefahren, die hintere am Großmast (24). Die Positionslichter (25) finden
an den Bordseiten (Steuerbordseite--grün. Backbordseite--rot) Aufstellung.

Die Masten bei den modernen Frachtdampfern stehen nahezu senkrecht zur Kiellinie (26) und werden kurzweg Pfahlmasten genannt.
Segeleinrichtungen sind nur im beschränkten Maße vorhanden; so findet
man durchweg am Fockmast ein Stagsegel (27) u. ein Spitzsegel
(28) und am Großmast mindestens ein Spitzsegel. Dem Schiffer wird
durch das Vorhandensein dieser Segel bei schwerem Seegang ein besseres

Stützen des Schiffes ermöglicht. Das Stagsegel fährt vorn am Fockstag (29), und hinten am Großstag (30). Die Spitzsegel dagegen fahren an Hinterkante Mast auf einer eisernen Schiene (Jackstageisen). Wie üblich sind für die Bedienung der Segel Fallen (31), Niederholer (32) und Schoten (33) vorgesehen. Um die Spitzsegel an den Mast zu holen, fahren Geitaue (34) von der Achterlik (35) nach der Vorlik (36) und von da über eine Scheibe an Deck. Zum Löschen und Laden der Güter sind wie eben ausgeführt Ladebäume (37) in Verbindung mit Ladewinden oder gar Drehkräne (38) vorgesehen. Für die Übernahme

Abb. 56d. Rollklampe für Verholzwecke.

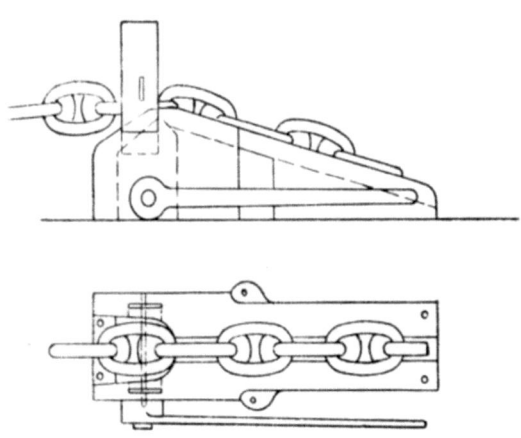

Abb. 56e. Kettenstopper für Ankerkette.

leichter Güter verwendet man auch Ladegaffeln oder Spieren (leichte Bäume). Um ein schnelles Toppen (aufholen) oder Fieren (herunterlassen) der Ladebäume zu ermöglichen, hängen dieselben in laufendem Gut, das entweder aus Kette oder verzinktem, biegsamen Drahttau besteht. Diese Aufhängevorrichtungen bezeichnet man mit Hanger (39). In der Regel werden bei größeren Schiffen mehr als 2 Bäume an jedem Mast gefahren. Aus diesem Grunde baut man an den Mast die schon erwähnten eisernen Konsolen, welche oben am Angriffspunkt der Hanger mit Hangerkonsolen und unten bei den Spuren der Bäume mit Ladebaumstühlen (40) bezeichnet werden. Bei großen Schiffen wo eine große Zahl von Luken (41) vorgesehen ist, werden neben Kränen auch noch besondere Lademasten verwandt. Der gewöhnliche Löschtakel (42) bei einem Ladebaum besteht aus dem Ladehaken (43) mit Drahttau. Letzteres führt über den am Baumtopp hängenden, einscheibigen Block und den an der Ladebaumspur befestigten Führungsblock zur Ladewinde. Zum Überholen (Schwenken) der Bäume und Gaffeln sind an den Toppen- Baum- oder Gaffelgeerden (44) auch mit Baumgeien bezeichnete Takel angebracht. Der Stander besteht aus Draht, an diesen ist ein Klappläufer oder Talje als holende Part (46) geschlagen.

Die Befestigung und das Absteifen der Masten geschieht in ähnlicher Weise, wie es bei den Segelschiffen üblich ist. Der Mast steht auf dem Mittelkiel oder auf einem der tieferliegenden Decks, hinten vielfach auf dem Wellentunnel. Der aus dem Schiff ragende Teil wird durch verzinkte Drahttaue, durch das sogen. »Stehende Gut« abgestagt.

Abb 56f. Wirbelauge.

Die Unterstage, (47) welche vom Hangerring bezw. Hangerkonsol nach den Seiten zur Reeling (Verschanzung) führen, werden wie bei den Seglern mit Wanten bezeichnet, die Oberstage (48) heißen auch hier Pardunen (Zwischenstage = Stengewanten). Die voraus und achteraus geführten Unterstage heißen Fock- bezw. Großstag und die Oberstage dementsprechend Stengestage (49, 50). Bei Übernahme von schweren Lasten werden auch sog. Backstage gesetzt, die in Höhe des Hangerrings am Mast angreifen und mehr voraus bezw. achteraus als dwars (quer) zur Bordwand führen. Das zwischen den beiden Masten gezogene Verbindungsstag wird mit Genickstag (52) und, wenn es gleichzeitig für Signalzwecke dient, auch mit Signal- oder Flaggenstag bezeichnet.

Während nun das untere feste Ende des Mastes als genieteter eiserner Hohlmast ausgeführt ist, besteht der obere Teil die Stenge aus einem Rohr oder aus Holz, der in den Hohlmast hineingepaßt und bei Passieren von Brücken in denselben versenkt wird. In neuerer Zeit sind durch die Einführung der Funkentelegraphie die hohen Masten mehr in Gebrauch gekommen und damit werden auch die Masten mit versenkbaren Stengen (Teleskopmasten) häufiger. Bei kleineren Schiffen, bei denen die Masthöhe unter dem Maß für die zu passierenden Hochbrücken bleibt, wird ein kurzer Holztopp, der ebenfalls wie die langen Stengen durch einen Flaggenknopf abgeschlossen ist, aufgesetzt. Bei großen Fracht- und Passagierschiffen wird zwecks besseren Ausgucks an Vorkante Fockmast ein Mastkorb angebaut, der von unten herauf durch eine eiserne Leiter, welche am Mast hoch führt, zugänglich gemacht wird. Oberhalb des Korbes ist eine Signalglocke und vielfach Fernsprecheinrichtung ange-

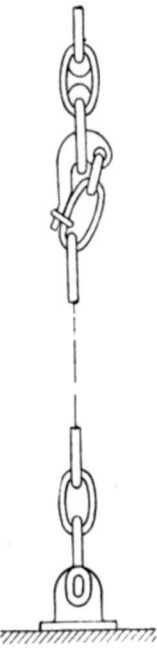

Abb. 56 g. Kettenkastenboden und Sliphaken.

bracht. Die Lichter am Mast sind bei Petroleumbeleuchtung zum Heissen (Jolltau) eingerichtet; werden die Laternen elektrisch beleuchtet, so ist feste Anordnung auf einem Konsol vorgesehen.

Die Boote sind zumeist wie erwähnt mittschiffs auf dem obersten freien Deck, dem Bootsdeck, gelagert. Zum Überbordsetzen bedient man sich der bekannten Davits (Bootshalter). Allgemein üblich ist der Schwenkdavid (54). Durch natürliche Menschenkraft wird das in den Taljen hängende Boot aus bezw. eingedreht. Einseitige, wie auch doppelseitige Klampenlagerung (55) der Boote an Deck ist üblich. Hin und wieder findet man auch frei in den Davits hängende Boote, welche nur mit Leibgurten an einen Querbaum geholt sind. Um beim Herablassen oder Anhieven Törns (Verdrehungen) zu vermeiden, erhält der untere

Block der Bootstalje (56) ein Wirbelauge. Zum sofortigen Kappen (Losschlagen) der Talje ist an jedem Bootsende ein Beil vorhanden. Stehen die Boote in Zurrstellung, — so führen Drahtstander (Davitgeien 57) oben von den Davitköpfen an Deck. Neben diesen Schwenkdavits findet auf größeren Schiffen der Quadrant Davit von Welin (58) Anwendung. Schwenkdavits sind auch als Fallreepdavits (59) oder Ankerdavits in Gebrauch.

Die runden Schiffsfenster in den Bordwänden des Schiffes bezeich-

Abb. 56 h. Luftkrümmer.

Abb. 56 i. Ausgußstutzen mit Klappe (Sturmventil).

net man mit Bullaugen (60). An Deck aufgestellte Kappen für Licht und Lufteinführung heißen Oberlichter (61) (Skylights.)

Die S. B. G., der Board of Trade, die Hamburger Hafen Inspektion, die Klassifikationsgesellschaften u. a. haben durch wertvolle Bestimmungen den Sicherheitsbedürfnissen nicht nur nach der betriebstechnischen Seite, sondern auch nach der Seite der Festigkeit — Rechnung getragen. Durch die schon angeführten Normenblätter des »H. N. A.« ist endlich ein wertvoller Rückhalt für die einzelnen Konstruktionsformen der Ausrüstung und Takelung gegeben, die dem Schiffsbetrieb Einheit und zielstrebige Richtung für die weitere Entwicklung geben.

5. Instandhaltung.

Das Schiff ist naturgemäß als bewegter Körper den Witterungseinflüssen mehr unterworfen als irgend ein Bauwerk; zudem übt das Seewasser mit seinem Salzgehalt eine ätzende, zersetzende oder lösende Wirkung auf die Baustoffe aus. Auf die Instandhaltung der Schiffe ist schon von vornherein bei Einbau der Materialien Rücksicht zu nehmen. Ungeeignetes Material sei es minderwertiges, mit Splint behaftetes oder nasses Holz, stark mit Rostnarben durchsetztes ungereinigtes Eisen, schlecht haftender Anstrich u. s. w. müssen zurückgewiesen werden. Durch die unter »Baustoffe« erwähnten Holztränkverfahren bekommt das Holz ein starkes Schutzmittel gegen Fäulnis mit auf den Lebensweg. Es ist aber nötig durch Öle und Lacke besonders das der Witterung ausgesetzte Holz weiter zu bearbeiten. Das Frühjahr ist der geeignete Zeitpunkt, die Holzteile zu überholen und die Schutzanstriche zu erneuern. Einmal ist es die Laichzeit der Würmer, die dann gehindert werden, sich in dem Holz festzusetzen, dann ist es die Zeit, wo die Schiffe ihr Winterlager hinter sich haben und nun sowieso allgemeine Instandsetzungsarbeiten erfordern. Das Auftragen der neuen Farbe, nach gründlicher Reinigung und Austrocknung der Schiffsteile, erfolgt am zweckmäßigsten von innen her etwa in der Reihenfolge: Innenschiff, Deck, Aufbauten, Außenbeplankung. Die Hölzer und Eisenteile müssen vollkommen trocken sein. Frisch gestrichene Flächen sind nicht — um Blasenbildung zu vermeiden — dem Sonnenlicht auszusetzen. Unzugängliche Stellen sind möglichst farbig zu streichen, das Holz wird da-

Belegklampen   Augklampe

Abb. 56 k. Klampen.

durch besser gedeckt als durch einfachen Firnisanstrich; vor allem trage man Sorge, daß der Firnis durch sorgfältiges Verreiben in alle Poren dringt. Ein mehrfacher Anstrich ist bei Neubauten geboten, bei Außenplanken bis zu 4 mal. Innenschiff und Aufbauten sind 2 mal, Deck und Außenhaut mindestens 3 mal zu lackieren. Zwischen den einzelnen Anstrichen ist Zeit zum Antrocknen der Farbe zu lassen, der Glanz ist durch Bimssteinpulver oder Stahlspäne fortzureiben, damit das Anhaften der neu aufgetragenen, bezw. letzten Schicht gefördert und zu erhöhtem Glanz und Glätte gebracht wird. Sauberhaltung während der Fahrtdauer ist dann Haupterfordernis, denn diese führt auch zur rechtzeitigen Erkennung von Schäden. Holzschiffe auf langer Fahrt, die ohne Dockungsmöglichkeit sind, erhalten auf den Planken des Unterwasserschiffes einen Kupferbeschlag, der das »Anwachsen« der Schiffshaut verhindert. Das Kupfer überzieht sich unter der Einwirkung des Sauerstoffs mit einer Oxydschicht, die im Gegensatz zum Eisenoxyd (Rost) nun selbst das Schutzmittel gegen die weitere Einwirkung des Sauerstoffs darstellt. Das Reinbleiben des Kupferbeschlages erklärt sich aus folgendem Umstand: Die unter der Einwirkung des Seewassers sich bildenden Kupferverbindungen haften nicht fest an dem Beschlage, sondern schlemmen besonders bei in Fahrt befindlichem Schiff leicht ab und machen dadurch ein dauerndes Festsetzen von Pflanzen und Tieren unmöglich. Die Instandhaltungsarbeiten der Holzschiffe, vor allem die gelegentliche Erneuerung des Kupferbeschlages erfordern große Kosten; sie sind nötig, wenn man der Fäulnis und den verheerenden Wirkungen des Bohrwurms steuern will.

Wenn nun auch durch die Einführung des Eisens neben der guten Verbindungsmöglichkeit der einzelnen Konstruktionsteile die Konservierung der Schiffe durch »Anstrich« verhältnismäßig einfach ist, so darf man aber die Sorgfalt, mit der diese Arbeit geschehen muß, niemals vernachlässigen. Schon der Umstand, daß Eisenoxyd nicht wie Kupferoxyd den Verzehrungsprozeß des Metalls aufhält, setzt die vollkommene Reinigung und Trocknung der eisernen Konstruktionsteile voraus, ehe sie mit einem Überzug versehen werden, der den Zutritt von Sauerstoff verhindert. Neben dem Anstrich kommt als Schutzmittel gegen Rostbildung noch der metallische Überzug in Betracht. Letzterer hat gegenüber dem Anstrich den Vorteil, daß ihm größere Widerstandsfähigkeit eigen ist. Es können für diese Zwecke aber nur solche Metalle verwandt werden, die sich dem Eisen gegenüber elektro-positiv verhalten wie Zink, Zinn und Nickel. Das Verzinken (Galvanisieren) wird im Schiffbau bei Einzelteilen vielfach vorgenommen. Zinn- und Nickelüberzüge haben aber wegen des hohen Materialpreises nur vereinzelt Eingang gefunden.

Das am meisten verbreitete Mittel zur Verhinderung der Rostbildung ist der Schutzanstrich. Er besteht in dem Überzuge einer für das Eisen unschädlichen Substanz, die in flüssigem Zustande mit Zusatz eines mineralischen oder metallischen Pulvers auf die Oberfläche aufgetragen wird und dann in verhältnismäßig kurzer Zeit unter dem Einfluß der Luft erhärtet. Das gebräuchlichste Bindemittel ist der Leinölfirnis, mit dem man den sog. Ölfarbenanstrich herstellt.

Vor einigen Jahrzehnten wurde die Ansicht vertreten, das Unterwasserschiff zunächst nicht zu streichen, und zwar unter der irrigen Annahme, der vom Walzwerk stammende Hammerschlag ließe sich später besser entfernen. Die Erfahrungen haben gezeigt, und die Wissenschaft hat bestätigt: Der Zerstörungsprozeß durch Oxydation geht ohne Schutzanstrich ungehindert weiter, die Oberfläche wird rauh, ist mit Rostlöchern versehen, die eine sorgfältige Reinigung erfordern. Um die Unterlassungen in diesen Fällen gut zu machen, bedürfte es eines doppelten Anstrichs rostschützender Farbe. Der Anstrich mit Bleimennige ist ein altes Verfahren und hat sich im allgemeinen bewährt. Die Ölsäure des Leinöls geht mit dem in der Mennige vorhandenen Bleioxyd eine Verbindung ein, die sehr hart und widerstandsfähig ist und sehr fest auf dem Eisen haftet. Als Unterwasseranstrich scheint die Bleimennige weniger geeignet, da sie unter dem Einfluß des Seewassers porös und weich wird und dadurch an rostschützender Wirkung einbüßt. Außer der Bleimennige haben Zinkweiß und Bleiweiß unter Zusätzen von Schwerspat, Kreide oder Ziegelmehl sich als brauchbar erwiesen.

Die Dauerhaftigkeit der ganzen Anstriche ist aber abhängig von dem guten Haften des ersten Anstrichs. Es ist daher erforderlich, den Leinölfirnis mit besonderer Sorgfalt und in einer dünnen Schicht aufzutragen. Für den ersten, den Grundanstrich, tut die Bleimennige gute Wirkungen. Wegen der Gesundheitsschädlichkeit der Farben (besonders Bleimennige und Bleiweiß) während des Auftragens in schlecht ventilierbaren Räumen ist eine Bundesratsverordnung unter dem 27. Juni 1905 erlassen, die eine Reihe von später noch erweiterten Schutzvorschriften enthält. Besonders hat die Farbenindustrie versucht, geeignete Ersatzmittel für bleihaltige Farben zu finden und in den Handel zu bringen. Für Neubauten hat man eine besondere Helgenfarbe eingeführt, die sowohl für Luft- wie für Wassereinwirkung wenig empfänglich ist. Für den Schiffsbodenanstrich werden nun besonders schnell trocknende Farben zur Anwendung gebracht. Man muß sich hier nur hüten, in die Farben solche Metallpulver wie Kupferpulver zu vermischen, die schädliche galvanische Ströme erzeugen. Bewährt hat sich ein Gemisch von Zinkweiß und Talg als Bindemittel. Welcher Art diese Schutzanstriche auch sein mögen, sie dürfen nicht vor der Zeit durch das Seewasser aufgezehrt werden, sondern dürfen nur allmählich durch die Reibung vom Seewasser weggeschwemmt werden. Neuerdings wird für Bodenanstriche ein alkoholischer Schellackfirnis oder auch eine Lösung von Harz und Benzin als Bindemittel benutzt. Wahrscheinlich ist die Annahme, daß die durch die Zerstörung und Auslaugung im Seewasser freiwerdenden Gifte direkt auf die kleinen Lebewesen im Wasser tödlich einwirken, wenn sie im Begriff sind, am Schiffsboden festen Fuß zu fassen. Der Rostschutz wird aber immer die erste Forderung bleiben müssen; gegen Anwuchs hilft schon die jetzt viel leichter mögliche Schiffsreinigung durch Docken.

Neben den Farbanstrichen haben sich Anstriche von Steinkohlenteer (black-varnish), Asphalt, Mineralwachs, den sog. bituminösen Materialien, bewährt. Besonders vorteilhaft ist es, Zellen und Bunker mit bituminösen Anstrichen zu versehen. Sie werden zumeist in erwärmtem Zustand aufgetragen und gelten als die besten Schutzanstriche, weil sie einen dichten, von mikroskopischen Poren freien Überzug bilden. Alle anderen Anstriche sind mehr oder weniger porös und gestatten ein allmähliches Eindringen des Wassers. Selbstverständlich darf in dem bituminösen Material keine Säure und Ammoniaksalz mehr untermischt sein. Als »Tenaxzement« (Asphalt) hat das bituminöse Material auch vielfach die Bodenzementierungen mit Portlandzement verdrängt. Das Material ist leichter, bekommt nicht so schnell Risse bei Wärme oder bei Arbeiten des Schiffes und ist im übrigen dauerhaft und haltbar. Für Trinkwasserzellen ist es aber seines starken Geruches wegen ungeeignet, hier behält man den Zementanstrich bei. Jede Stelle im Schiff ist vor dem Zusammenbau unter Farbe zu bringen. Der G. Ll. fordert für aufeinanderliegende Flächen der Platten und Profile mindestens einen Mennige-Anstrich. Die Farben-Industrie hat leicht trocknende und weniger brennbare Farben in den Handel gebracht, im übrigen bewahrt jede Firma das Rezept der Herstellung ihrer Farben als Geschäftsgeheimnis, so daß hier der Erfolg den Ruf der Farbe sichern muß. In neuerer Zeit sind umfangreiche Versuche gemacht, mittels Spritzverfahren fertige Eisenflächen durch metallischen Überzug zu schützen; wesentliche Vorteile vor dem Anstrich-Verfahren haben sich bisher nicht ergeben. Weitere Versuche, ein dem Eisen ebenbürtiges Metall zu schaffen durch Herstellung von wetterbeständigen Legierungen (Duralumin u. a.), scheinen für den Bau leichter Fahrzeuge aussichtsvoll zu sein.

Wesentlich schwieriger gestaltet sich die Konservierung der Seewasser führenden Rohrleitungen. Hier werden die Anstriche durch die Strömung des Wassers schnell abgespült. Ferner werden durch die Verwendung der verschiedensten Metalle oft galvanische Elemente gebildet, bei denen das Seewasser mit seinem Salzgehalt als leitende Flüssigkeit dient. Durch die vagabundierenden elektrischen Ströme des Schiffskörpers werden diese galvanischen Ströme verstärkt und können den Rohrleitungen unter Umständen gefährlich werden. Versuche durch Verzinken, Verzinnen und Verbleien eine Isolierschicht zu schaffen, haben bisher keine vollkommene Lösung gebracht. Der moderne Schiffbetrieb mit seinen komplizierten maschinellen Anlagen erschwert, wie eben dargelegt, trotz der Einführung des an sich widerstandsfähigen Eisens, die Konservierung der Schiffe. Peinliche Überwachung und Sauberkeit sind die besten Mittel, dem frühzeitigen Verfall der Schiffsteile erfolgreich entgegenzuarbeiten.

6. Kapitel.

Typenbildung und Schiffstile.

1. **Grundlagen.** Nachdem in knappen Strichen der Versuch gemacht worden ist, ein Gesamtbild der Zusammenhänge zu entwerfen, die dem Schiffe Wesen und Inhalt geben, sei zum Schluß noch auf die Gestaltungsformen ein Blick geworfen, die aus Wesen und Inhalt des Bauwerks selbst heraus das Auge des Beschauers zu befriedigen haben. Für diese Einstellung muß in erster Linie mitwirken: der Zweck, für den das Schiff gebaut werden soll, die Art der Ladung, die es in der Hauptsache zu führen hat, und endlich die Länge der Strecke und die Eigenschaft der Gewässer, welche es zu durchfahren hat. Jedes unnütz in das Schiff eingebaute Eigengewicht, jede Tonne Mehrgewicht ist toter, für die ganze Lebensdauer mitgeschleppter Ballast. Zum Unterschied von ortsfesten Bauten hat hier die Gewichtsersparnis nicht nur nach der einmaligen Ausgabe für Material, sondern auch nach der Wirtschaftlichkeit des Schiffbetriebes Bedeutung. Ferner hat die Verteilung der Gewichte so zu erfolgen, daß wirtschaftliche und betriebssichere Trimmlagen gewährleistet sind und der Gleichgewichtszustand in keiner Weise gefährdet ist. Endlich ist eine günstige Form zu finden, die bei Vorwärtsbewegung nicht nur dem Wasser den geringsten Widerstand bietet, sondern auch den Antriebsmitteln die besten wirtschaftlichen Arbeitsmöglichkeiten schafft.

Aus diesen Zweckmäßigkeitsbedingungen heraus gestaltet sich das Ganze zu einem abgeschlossenen Bauwerk, das den Erfordernissen der Seefahrt, daneben aber auch denjenigen der Ästhetik, dem Schönheitssinn Rechnung zu tragen hat. Es ist nun die Frage, ob so ohne weiteres die Architektur der Landbauten mit derjenigen der Schiffe in Parallele zu stellen ist. Das neuzeitliche Schiff ist in seiner ganzen Gestaltung von Dingen abhängig, die mehr den praktischen Bedürfnissen entsprechen. Symbolische Deutungen, wie sie bei den Land-Baumalen durch Bogen, Kuppeln und Türme u. a. dem Baumeister in weitester Form an die Hand gegeben werden, können nur in verschwindendem Maße die Schiffsformen in ihrer Gesamtlinienführung bestimmen. Bei technischen Bauten, wie Schiffe es sind, kann man nur über den reinen Zweckbau zu einem auch künstlerisch vollkommenen formenschönen Bau kommen. Technische Bauten sind überall da schön, wo der Zweck in seiner Überzeugungskraft, Allgewalt und Größe zum Durchbruch kommt (Abb. 41).

Abb. 57a. Seeschlepper. $L = 34{,}5$ m, $B = 7{,}25$ m, $H = 4{,}35$ m, $Tg = 3{,}60$ m.

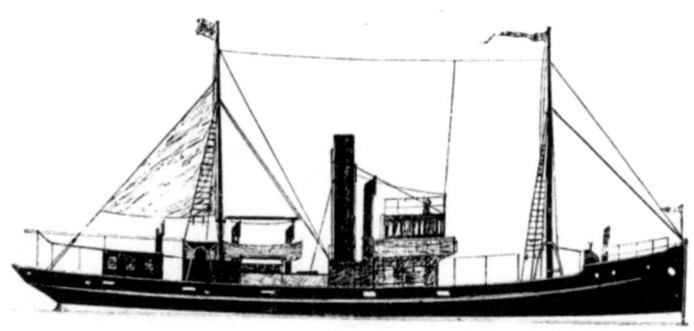

Abb. 57b. Fischdampfer. $L = 40{,}5$ m, $B = 7{,}2$ m, $H = 4{,}250$ m $Tg = 3{,}7$ m.

Immerhin bestehen aus der Vergangenheit starke Verbindungslinien zwischen Holzschiffbau und Landbaukunst. Auf dem Gebiete der Innenarchitektur unserer Passagierschiffe haben sie sich in starkem Maße erhalten.

Das Maschinenzeitalter hat auf diesem Gebiet der Baukunst neue Gesichtspunkte geschaffen, die sich bei der schnellen Entwicklung dieser Epoche der Weltgeschichte noch nicht überall zur Klarheit durchgerungen haben. Nur in kurzen, markanten Linien kann hier rückschauend ein Bild in diesem Zusammenhang gezeichnet werden, um für Gegenwart und Zukunft ein Fundament unter den Füßen zu haben.

2. **Kunstgeschichtliches.** Durch die Technik ist der Mensch des 20. Jahrhunderts in den Stand gesetzt, sich mühelos die Kunst vergangener Jahrhunderte vor das Auge zu führen. Künstlerische Reproduktion und erleichterter Verkehr machen jedermann die Schönheiten der Erde zugänglich. Das Auge wird durch die vielseitigen Eindrücke gebildet. Schon die niederländischen Maler des 17. Jahrhunderts haben die anschauliche Poesie des Treibens am Wasser erkannt, sie sind die Entdecker des Hafenbildes gewesen. Heute wird gerade die Arbeit in ihrer verschiedenartigsten Form und Ausdrucksweise von dem Künstler versinnbildlicht. Schulze-Naumburg sagt: Ein Gestalten, d. h. der Idee die Realität verleihen, irgendwie geschieht es von jedem Sterblichen sein ganzes Leben hindurch. Dagegen gemessen schrumpft das. Gestalten im engeren künstlerischen Sinn so zusammen, daß man es ganz übersehen könnte in jenem großen Getriebe, das die Veränderung der ganzen Erdoberfläche durch Menschenhand bedeutet. Daran arbeiten ja alle mit: der

Abb. 58a. Frachtschiff 6000 t.

Bauer und der Ingenieur, der Kaufmann wie der Gärtner, der Seemann wie der Soldat, der Förster wie der Baumeister, alle vom Chausseearbeiter an, der die Straße glatt macht, bis zur alten Frau, die ihre Blumen vorm Dachfenster zieht. — ... Ich glaube all unser Menschenwerk wäre schön, wenn nie ein Schulmeister die Forderung gestellt hätte, man müsse etwas schön machen, wenn überhaupt von Verschönern nie die Rede gewesen wäre.‹ (s. a. Semper, Der Stil in den technischen und tektonischen Künsten).

Diese Ausführungen über Kunst in der Technik sollen zeigen, daß höchste Zweckmäßigkeit nicht der Schönheit entbehrt, daß das Richtige in einer Konstruktion auch für den Laien augenfällig und reizvoll ist, daß nicht nur die schönen Künste im landläufigen Sinn Kunstwerke schaffen. Allüberall da, wo die Technik es in der Hand hat, Formen und Gebilde zu schaffen, wird sie aus sich selbst heraus zu einem Stil kommen. Von innen heraus kommt die gestaltende Kraft, die imstande ist, auch den neuzeitlichen Werken der Technik den Schwung zu geben, durch den sie Kulturarbeit werden. (Abb. 41).

Es ist außerordentlich viel gewonnen, wenn über diese Grundeinstellung Klarheit herrscht, sie erleichtert ein Voranschreiten auch auf dem Gebiete des Schiffbaues. In dem Kapitel: Klassifikation, Abschnitt II. ist schon gesagt, daß die Aufbauten der Schiffe die wirtschaftliche, ökonomische und zweckmäßige Seite des Schiffsbetriebes äußerlich klar zum Ausdruck bringen, in demselben Abschnitt ist auch von den gebräuchlichsten Schiffstypen die Rede. Weiter ist dort die Gestaltung des eisernen Schiffskörpers eingehend behandelt; Längsträger mit weittragenden, auf festen Querrahmen stehenden Stützen schaffen freie, hohe übersehbare Fracht- und Betriebsräume· In Kapitel 5 wird gezeigt, wie Deckseinrichtung, Lade und Löschbetrieb, Bordbetrieb und Segeleinrichtungen, Bootsaufstellung, Aufbauten und Wohneinrichtungen, das Oberschiff gestalten, dem Schiff also äußeres Gepräge, Konturen und Gliederung geben müssen. (Abb. 50, 57, 58a, b, 60).

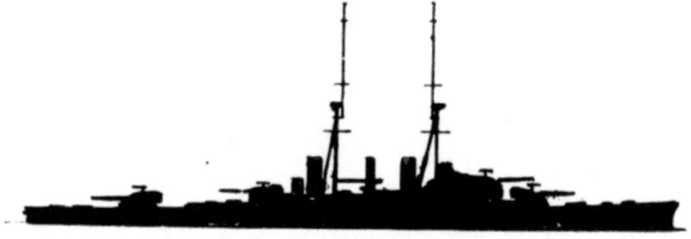

Abb. 58 b. Kriegsschiff 28000 t.

3. Schiffsarchitektur. Die Anordnung der Lade- und Flaggenmasten, der Kommandobrücke und Schornsteine, die Ausbildung des Hecks und des Vorstevens geben dem Schiffbauer einige Freiheiten an die Hand für eine persönliche Note und symbolische Deutungen. Auch die Wahl der Anstrichfarben zur Hervorhebung charakteristischer Linien wie Deckleisten (Sprung), Konturen und Stützen freistehender Bauteile ist ein dankbares Betätigungsfeld für den guten Geschmack. Vielfach ist hier aber manches aus dem Segelschiffbau übernommen, was früher für die besonderen Zwecke durchaus am Platze war, heute aber rein aus Gewohnheit als ästhetische Forderung aufgestellt und sogar symbolisch ausgedeutet wird. Es haben z. B. die Masten der großen Segler, vor allem der Raasegler, aus Gründen der Standfestigkeit eine nach hinten geneigte Lage (Fall); sie wirkt der Winddruckrichtung entgegen. Man sollte darum nicht ohne weiteres in der geneigten Stellung der Masten eine »willkommene« Abwechslung der sich oft widerholenden Senkrechten erblicken, oder etwa den Fall der Masten nach hinten als symbolische Deutung des Vorwärtsstürmens charakterisieren. Wie erklärt sich dann bei denselben Schiffen der nach vorn geneigte (ausfallende) Vorsteven? Man

könnte hier rein symbolisch gedacht das Umgekehrte behaupten. Der Baumeister, der sich innerlich von allem Schnörkelwerk frei gemacht hat und nur im Zweckmäßigkeitsbau den Ausdruck des Schönen sucht, wird durch zweckentsprechende Gliederung der Bauteile wie Häuser, Verschanzung, Abstützung, Geländer, Schornsteine, Oberlichter, Ventilatoren, Ladepfosten und Masten ohne künstliche Mittel einen künstlerischen Eindruck herbeiführen können. In vielen Fällen hat man die Steilstellung der Masten und Schornsteine als Mittel künstlerischer Eingliederung nicht von der Hand gewiesen. Im Kriegschiffbau ist sie fast allgemein durchgeführt, im Handelschiffbau*) nur zum

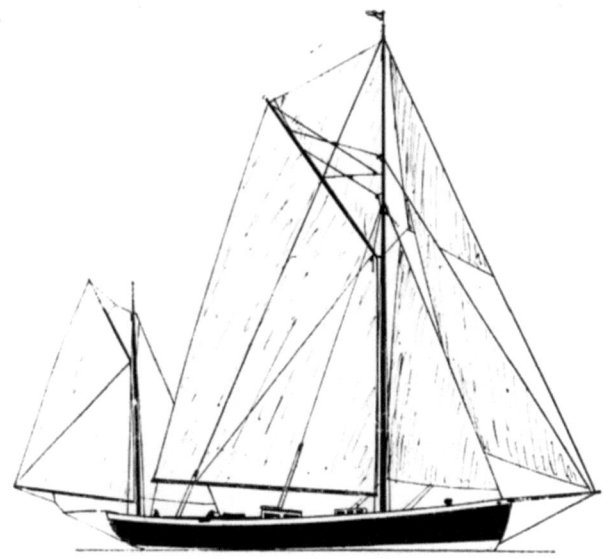

Abb. 59a. Yawl (Tourenboot)
L. ü. A. = 15,45 m, L. K W. L. = 13,5 m, B = 3,82 m, Tg = 2,37 m.

Teil, obwohl man sogar bei den Schonerjachten mit Gaffelbeseglung: Meteor, Germania, Hamburg gute künstlerische Wirkungen erzielt hat. (Abb. 58 u. 59a, b).

In Verbindung mit Sprung, Bug und Heck des Schiffes als Ausstrahlung und Abschluß der Unterwasserform gilt es für den Konstrukteur manche Klippen zu umschiffen; so verstärkt z. B. bei völligen Schiffen die Bugform häufig den Eindruck einer Längsdurchbiegung**) des Schiffes in der Sprunglinie an der Stelle, wo die Decklinie

---

*) Steile Masten sind zur Führung von Ladebäumen zweckmäßiger als solche mit Fall, da man hier besser Fußpunkt und Hangertopp in eine Senkrechte bringen kann. (Abfallen des Baums vermeiden).
**) Bei alten Holzschiffen auch tatsächlich vorkommender Übelstand.

aus der vollen Bordbreite nach vorne an den Steven zur Mitte des Schiffes abbiegt. Dieser an sich »optischen« Täuschung begegnet man durch ruhigen Krümmungsverlauf der Decklinie (Kontur) und durch stärkeres Anziehen der Sprunglinie in diesem Teil der Deckskurve. Man muß es im Schiffbau vermeiden, durch kurze Krümmungen schnelle Übergänge von einer Linie zur andern zu schaffen, damit in der Längsrichtung nicht die perspektivischen Wirkungen beeinträchtigt werden. Der Holzschiffbau ließ das nicht in dem Maße zu, wie es der Eisenbau mit seinem schmiegsamen Material tut und die Konstrukteure verleitete, hin und wieder aus geringen Ersparnisrücksichten heraus gewaltsame Formänderungen vorzunehmen, die neben Verlust von Schönheit auch Festigkeitsverlust bedeuten. (Abb. 57 a u. b).

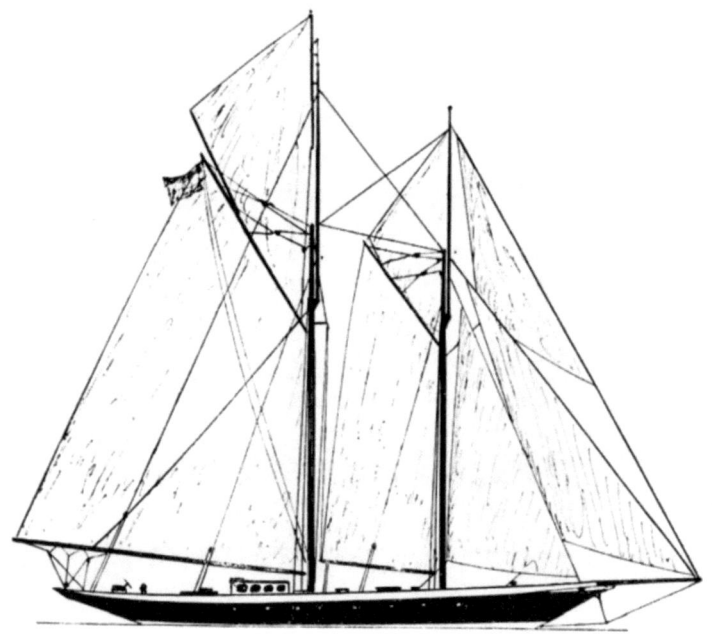

Abb. 59 b Schoner. L.K.W.L. = 23,7 m, B = 6,8 m.

Eine beliebte »Bereicherung« der äußeren Konturen bildet die Schornsteinatrappe, Schon immer hat man der äußeren Erscheinungsform des »Dampfers« mehr Wucht verliehen, in dem man um den Schornstein herum einen Mantel von großem Durchmesser setzte, oder riesige elliptische Ovale als Schornsteinquerschnitte bildete. Heute aber stellt man auch noch bei reinen Motorschiffen große Schornsteinatrappen auf, die das Aussehen eines soliden Frachtdampfers sichern; auch hier liegt eine traditionelle Auswirkung rein äußerlicher Art vor, die verschwinden wird, wenn sich das Motorschiff großen Stils eingebürgert hat.

Zuzugeben ist, daß der sogen. blinde Schornstein eine große Symmetrie in der Gestaltung der Aufbaukonturen schaffen kann und den Eindruck bei Laien zu erwecken sucht, daß das Schiff einen riesigen »Dampfatem« hat, es ist aber fraglich, ob einem in »Bewegung« befindlichen Körper die Längssymmetrie nach der symbolischen wie nach der ästhetischen Seite zu besonderer nachhaltiger Wirkung verhilft. Die Bewegungsrichtung eines Schiffes wird einmal durch deutliche Unterscheidung von Bug und Heck betont, — dann durch Gliederung der Aufbauten im Sinn einer stärkeren Betonung des vorderen Endes (Lange Back, Kommandobrücke). Auf natürliche Weise wird dieses Streben durch die allgemein vor der Mitte liegenden Kesselräume unterstützt. Die Schornsteine geben den natürlichen Abschluß. Auf Schiffen wie die alte »Deutschland«, »Oceanic« und neuerdings »Kolumbus« sind die nach vorn gelagerten Schornsteine zu schöner Wirkung gebracht. Es ist nicht einzusehen, warum in vielen Fällen immer wieder zur Atrappe gegriffen wird (Abb. 60).

Abb. 60. Schnellschiff 60000 t. (Entwurf)

Die Verlegung des Schwerpunktes der Aufbauten nach hinten verleitet auch die Konstrukteure zu schweren und zu hoch aus dem Wasser ragenden Heckkonstruktionen. Das für ein Kriegsschiff gefällige Kreuzerheck ist in seiner mehr oder minder steil gestellten Linie, bei hochbordigen Handelsschiffen, in Verkennung richtiger Proportionen, zu plumper Massenwirkung gekommen. Andererseits haben die wulstartigen Schwellungen der Außenhaut formstabiler Schiffe, eine Belebung des langen Mittelschiffs gebracht. Der Konsolenausbau des Bootsdecks gliedert das Schiff schärfer in der Horizontalrichtung (Abb. 5).

In langen, offenen Aufbauten muß sich die Gliederung weitstehender Rahmenverbände durch stärkere Betonung der Deckabstützung klar abheben. Bei den Bootsnischen auf »Vaterland« und »Bismarck« ist dies zu schöner Wirkung gebracht. Lange Aufbaudecks mit eng gestellten Stützen an jedem 2. 3. oder 4. Spant wirken eintönig und entsprechen auch nicht den Grundsätzen leichter Eisenkonstruktionstechnik weit gespannter Träger. Der Schiffbau hat in den Hallenkonstruktionen auf den freien Decks mit Erfolg Ansätze gemacht, bordmäßige Räume auf dieser Grundlage zu schaffen. Auf allen Gebieten der Einzelbearbeitung ist wertvolles Material gesammelt, das für die ästhetische Gesamtwirkung in einzelnen Fällen schon heute von großem Nutzen gewesen ist (Abb. 61).

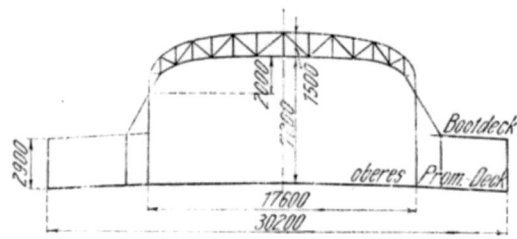

Abb. 61 a. Hallenkonstruktion (querschiffs) „Vaterland" und „Bismarck".

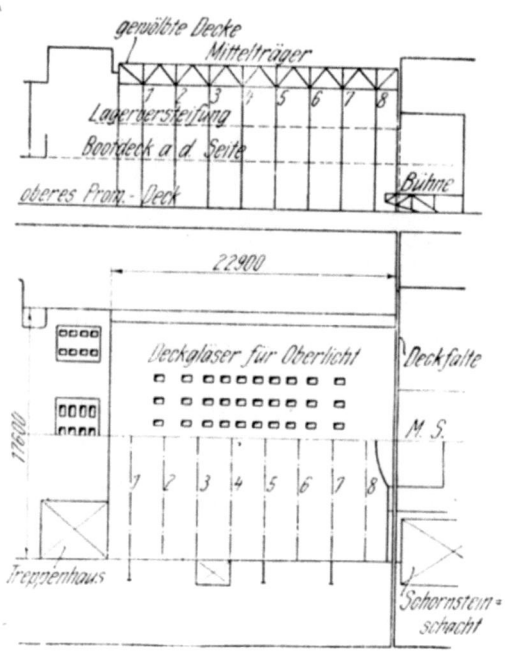

Abb. 61 b. Hallenkonstruktion „Vaterland" und „Bismarck".

Um die eisernen Decken und Wände für die Unterbringung der Fahrgäste und Besatzung wohnlich zu gestalten, werden die Räume »verkleidet«. Das von der Natur gegebene, als Isoliermittel besonders geeignete Material ist das Holz. Vor allem sind die in dem Holz beschlossenen Möglichkeiten, wie sie die verschiedenen Holzarten in ungeahnter Fülle ihren Eigenschaften gemäß nach Färbung, Maserung u. a. bieten, künstlerisch zu verwerten..

Naturhölzer mit farbig gestrichenen Hölzern zu kombinieren und zu behaglich wirkenden Täfelungen und Verkleidungen im Raum zu verwenden, ist darum eine Hauptaufgabe der Schiffinnenarchitekten. Die Raumgestaltung ist selbstverständlich dem Hausbau gegenüber den beschränkten Bordverhältnissen unterworfen. In der Außenhaut sind nur kleine runde Fenster — Bullaugen — erlaubt, die Höhe der Räume ist an die niedrigen Deckhöhen gebunden. Die Wohnräume haben hier aber zu einem gesunden Kabinenstil*) geführt, der besonders in hohen

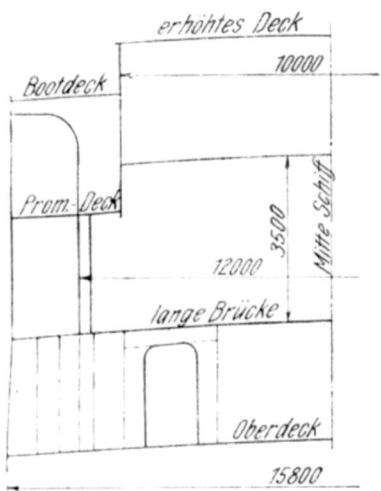

Abb. 61c. Aufbaukonstruktion im Bereich von Gesellschaftsräumen (Rio Bravo).

luftigen Aufbaudecks zu vollendeten Einzelwirkungen gekommen ist. Die Ausgestaltung größerer Räume stößt hin und wieder auf Schwierigkeiten, die erst durch eingehende Durcharbeitungen des ganzen Schiffskörpers überwunden werden müssen. Die Grundfläche muß in einen gewissen Einklang zur Höhe des Raumes gebracht werden. Den einfachen »Schiffssalon« stattet man gewöhnlich mit einem Oberlicht aus oder macht einen Durchbruch über der Salonmitte in die oberen Decks mit einem domartigen Abschluß. Bei größeren Ausführungen läßt man den Raum auch durch 2 Deckshöhen gehen oder schafft einen durch 2 Decks gehenden Mittelteil, der oben mittels umlaufender Ballustrade oder emporenartig abgegrenzt wird. Neuerdings macht man sich durch die hallenartigen Konstruktionen auf den freien Decks von den engen bordlichen Verhältnissen frei und schafft Räume, die in sich künstlerisch abgeschlossen

---

*) s. Abb. 42 Albert Ballin.

wirken, selbstverständlich unter der Voraussetzung, daß die Gesamtwirkung und der Schiffsbetrieb nicht gefährdet werden. Abb. 61 a, b, c.

Die Innenarchitektur ist dem Zeitgeist unterworfen und hat auch im Schiffswesen große Wandlungen durchgemacht; der teilweisen dekorativen Überladung ist auch hier die ruhige vornehme Linie gefolgt. Der Hang, Vorhandenes nachzuahmen oder alles in einen bestimmten Stil pressen zu wollen, der dem Schiffswesen nicht entspricht, darf in keinem Fall die Oberhand gewinnen.

Schluß.

Der Schiffbau in Verbindung mit den neuzeitlichen maschinentechnischen Einrichtungen hat eine, wenn auch nur kurze Geschichte gegenüber dem alten Holzschiffbau hinter sich. Sie ist aber lang und erfahrungsreich genug für die kommenden Geschlechter, um darauf bauen zu können. Die jüngere Schwester, der Luftschiffbau, ist in den letzten Jahrzehnten befruchtend daneben getreten (Abb. 62). Goethe hat mit Seherauge in seinem Faust II. Teil die weltwirtschaftliche Bedeutung der Schiffahrt vorausgeschaut. Er läßt den Wachttürmer Lynkeus am Seegestade die Worte sprechen, die unserer Arbeit als Motto vorangestellt sind.

Abb. 62. L. Z. 126. $L = 200$ m, $B = 27{,}64$ m, $H = 31{,}0$ m. (Luftschiff-Zeppelin.)

Heute nach einem Jahrhundert erkennen wir die Größe und Wucht seiner Schauung aus eigenem technischen Erleben. In der Schiffahrt liegt der Angelpunkt alles weltgeschichtlichen Geschehens der Zukunft; ihr Wohl oder Verderb bedeutet Wohl oder Verderb der Völker. Blüht sie, dann haben wir die Grundlagen für allen wirtschaftlichen und kulturellen Ausgleich.

Der Geist des Schiffes muß sich in allem widerspiegeln. Wahrheit und Echtheit, das Wesen germanischer Eigenart und seemännischen Geistes, muß überall zum Durchbruch kommen.

Wenn wir die technischen, wirtschaftlichen und künstlerischen Kräfte im Schiffswesen, die gemeinsamen Gesichtspunkte voll ins Auge fassen und noch mehr als bisher systematisch ausbauen, dann ist und bleibt der praktische Schiffbau ein starker Bestandteil der Kulturarbeit vorstrebender Völker.

Tafel mit Schaubildern über Ladezustände eines Schiffes (a).

Belastungszustand	Homogene Ladung t a 1000 kg	Heizöl, Schmieröl, Proviant, Besatzung t a 1000 kg	Trink-, Speise-, Ballastwasser t a 1000 kg	Verdrängung t a 1000 kg t pro cm Tiefertauchung	Tiefgang hinten mittschiff vorne m
I. Leeres Schiff fertig ausgerüstet ohne Vorräte in Seewasser $\gamma = 1{,}025$	—	—	—	4208 t 14,68 t/cm	$h = 3{,}858$ m $m = 3{,}140$ „ $v = 2{,}422$ „
II. Schiff im Ballast mit Besatzung, Vorräten und Brennstoff in Seewasser $\gamma = 1{,}025$	—	Heizöl 891 t Schmieröl 20 t Proviant 10 t Sonstiges 10 t	Trinkwasser 191 t Speise „ 77 t Ballast 1086 t	6493 t 14,97 t/cm	$h = 4{,}891$ „ $m = 4{,}640$ „ $v = 4{,}389$ „
III. Schiff im Ballast mit Besatzung und Vorräten $\gamma = 1{,}025$	—	Schmieröl 20 t Proviant 10 t Sonstiges 10 t	Trinkwasser 191 t Speise „ 77 t Ballast 1086 t	5602 t 14,83 t/cm	$h = 4{,}767$ m $m = 4{,}060$ „ $v = 4{,}353$ „
IV. Schiff homogen beladen (Ladung auch in Brücke) mit Besatzung, Passagieren, Vorräten und Brennstoff in Seewasser $\gamma = 1{,}025$	4044 t	Heizöl 891 t Schmieröl 20 t Proviant 50 t Sonstiges 27 t	Trinkwasser 191 t Speise „ 77 t	9508 t 15,38 t/cm	$h = 6{,}896$ m $m = 6{,}550$ „ $v = 0{,}204$ „
V. Schiff homogen beladen (Ladung auch in Brücke) ohne Brennstoff und Vorräte in Seewasser $\gamma = 1{,}025$	4044 t	Besatzung und Passagiere 22 t	—	8274 t 15,21 t/cm	$h = 6{,}37$ m $m = 5{,}79$ „ $v = 5{,}21$ „
VI. Schiff homogen beladen (ohne Ladung in Brücke) mit Besatzung, Passagieren, Vorräten und Brennstoff in Seewasser $\gamma = 1{,}025$	4016 t	Heizöl 891 t Schmieröl 20 t Proviant 70 t Sonstiges 35 t	Trinkwasser 191 t Speise „ 77 t	9508 t 15,38 t/cm	$h = 6{,}093$ m $m = 6{,}550$ „ $v = 7{,}007$ „
VII. Schiff homogen beladen (ohne Ladung in Brücke) ohne Brennstoff und Vorräte in Seewasser $\gamma = 1{,}025$	4016 t	Sonstiges 30 t	—	8254 t 15,20 t/cm	$h = 5{,}444$ m $m = 5{,}760$ „ $v = 6{,}116$ „
VIII. Schiff homogen beladen (mit Ladung in Brücke) ohne Brennstoff u. Vorräte mit 853 t Wasserballast in Seewasser $\gamma = 1{,}025$	4044 t	Sonstiges 22 t	Ballast 853 t	9127 t 15,33 t/cm	$h = 6{,}644$ m $m = 6{,}310$ „ $v = 6{,}016$ „

Tafel mit Schaubildern über Ladezustände eines Schiffes (b).

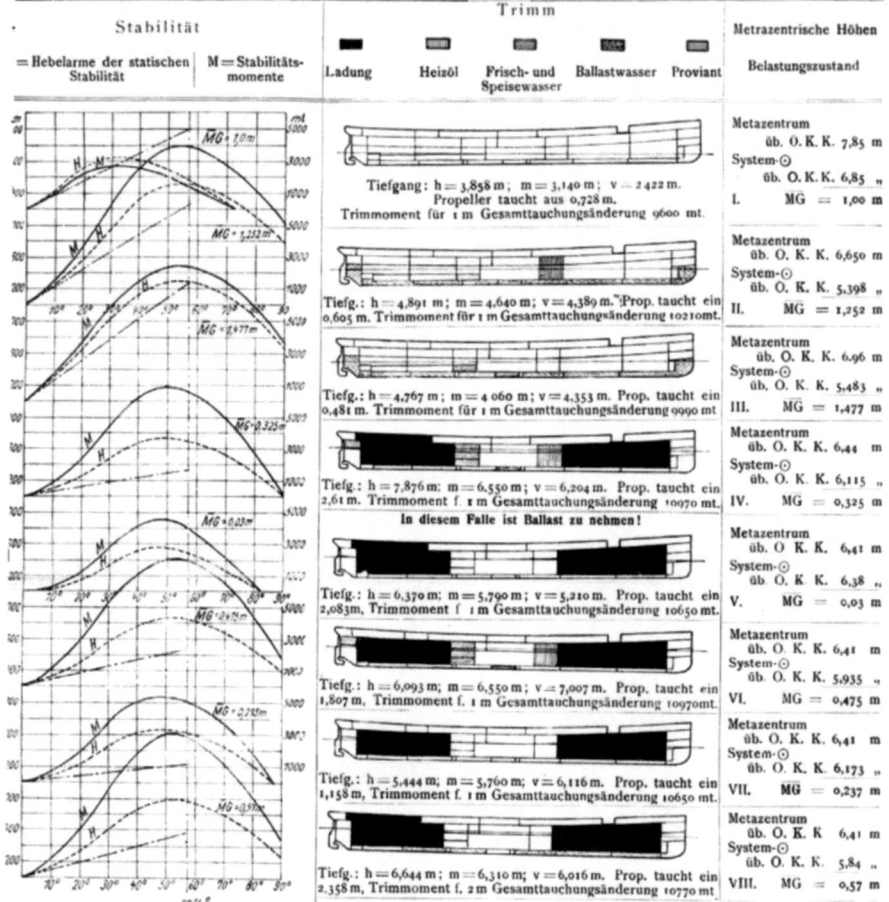

»Rio Bravo« und »Rio Panuco« (s. Veröffentlichung in der Zeitschrift: Werft, Reederei, Hafen 1924.)